与幸福同行

转型期社会建设专家谈

广东省省情调查研究中心
广东岭南文博研究院　编

李培林：
社会建设与中国经验

丁元竹：
社会管理：问题与方向

林卡：
社会政策与社会质量

景天魁：
底线公平与社会福利

靳文舟：
交通与幸福

唐钧：
住房问题与住房社会政策

曾德雄：
公民有序政治参与

施雪华、刘耀东：
包容性增长和中国非政府组织的发展与管理

吕元礼：
新加坡：一党执政，活力何来

广东省出版集团
全国优秀出版社　全国百佳图书出版单位
广东教育出版社
·广州·

图书在版编目（CIP）数据

与幸福同行：转型期社会建设专家谈 / 广东省省情调查研究中心，广东岭南文博研究院编．—广州：广东教育出版社，2011.7（2011.10重印）

ISBN 978-7-5406-8299-6

Ⅰ．①与… Ⅱ．①广… ②广… Ⅲ．①社会主义建设—研究—中国 Ⅳ．①D616

中国版本图书馆CIP数据核字（2011）第125729号

责任编辑：古春华 唐健敏
特约编辑：王 静 徐 刚 史玉梅
责任技编：涂晓东
插 图：赵晓苏
装帧设计：黎国泰

广 东 教 育 出 版 社 出 版 发 行
（广州市环市东路472号12-15楼）
邮政编码：510075
网址：http://www.gjs.cn
广东新华发行集团股份有限公司经销
佛山市浩文彩色印刷有限公司印刷
（佛山市南海区狮山科技工业园A区）
787毫米×1092毫米 16开本 15印张 300 000字
2011年7月第1版 2011年10月第2次印刷
ISBN 978-7-5406-8299-6
定价：33.00元
质量监督电话：020-87613102 购书咨询电话：020-87621848
王静：020-38874298 传真：020-38874546

目 录

前言

党的十七大报告指明："社会建设与人民幸福安康息息相关。必须在经济发展的基础上，更加注重社会建设。"明确确立了经济建设、政治建设、文化建设、社会建设"四位一体"的中国特色社会主义事业总体布局。2011年2月19日，中共中央总书记、国家主席、中央军委主席胡锦涛发表重要讲话，强调要加强和创新社会管理，要通过创新社会管理，全面加强社会建设。他指出，加强和创新社会管理根本目的是维护社会秩序、促进社会和谐、保障人民安居乐业，为党和国家事业发展营造良好社会环境。社会管理的基本任务包括协调社会关系、规范社会行为、解决社会问题、化解社会矛盾、促进社会公正、应对社会风险、保持社会稳定等方面。做好社会管理工作，促进社会和谐，是全面建设小康社会、坚持和发展中国特色社会主义的基本条件。

中央强调"四位一体"新格局的战略部署和社会管理，是一个有重要意义的标志。它标志着我国追求经济发展与社会发展的协调，追求经济发展与社会公平的均衡，追求向以提供公共服务为主的政府职能转变，追求全面地实现个人和社会关系的调整，更加关注人民群众的切身利益、关注民生，追求全面切实遵循社会客观发展规律来建设和管理社会的决心和前进方向。

面向“十二五”、建设幸福广东，需要站在新的战略高度，深刻认识和着力加强社会建设与社会管理。可以说，作为先试先行的改革先锋，实施改革开放已三十多年的广东，早就到了大张旗鼓地将社会建设与社会管理提上行动日程的时候了！

今年7月，省委将召开十届九次全会，专题研究部署加强社会建设。为了配合这次会议的学习宣传，广东省省情调查研究中心和广东岭南文博研究院专门编撰了《与幸福同行——转型期社会建设专家谈》一书，供广大干部群众在实践操作和理论探讨过程中参考。

《与幸福同行——转型期社会建设专家谈》一书的内容以近两年“岭南大讲坛·文化论坛”上相关专题的演讲为主，旨在求索社会建设和社会管理的理论与实践路径。需要读者谅解的是，社会建设和社会管理均是比较大的概念，涵盖了很多方面，难以在一本书里完全包容；“岭南大讲坛·文化论坛”的专家演讲专题亦尚未覆盖社会建设和社会管理的所有领域。但是，九篇行内顶级专家学者的原创宏论的编撰仍然遵循其内在的逻辑顺序。

概念理念为首。第一篇《社会建设与中国经验》（李培林）与第二篇《社会管理：问题与方向》（丁元竹）分别重点阐述社会建设和社会管理的概念理论，分析目前在我国存在的问题，提出下一步攻坚重点、对策及方向。特别地，丁元竹对社会治理、社会管理和社会建设三个概念的具体含义和联系作了梳理。

理论护航。第三篇《社会政策与社会质量》（林卡）介绍了一个评价和检验社会发展（即社会建设）及其社会政策的质量的社会质量理论。社会质量理论是国际社会科学中的一个最新的理论，到现在也就10年左右的时间。10年对一个理论的成长是一个很短的时间。1997年6月，1000多位欧洲社会科学家在欧盟阿姆斯特丹大会上签署“欧洲社会质量宣言”，即《阿姆斯特丹社会质量宣言》（以下简称《宣言》），它思考的问题是在全球化的压力下欧洲将会走向什么方向，这是一个大问题，在这个大背景中提出了社会质量学说。欧洲所要走的不是美国的道路——追求市场经济的运作，而是要追求“社会的”欧洲。正如《宣言》所描述的，在“社会的”欧洲没有乞丐，人能够具有尊严，具有很高度的社会质量和社会保障。欧洲人常说，他们和美国比的时候不是比经济，而是比社会的质量，就是人生活的尊严，这个是欧洲社会的长处。

理论创新与实践结合。第四篇《底线公平与社会福利》（景天魁）提出并阐述了“底线公平”理论，在此理论基础上构建底线公平的制度结构、机制设置和原则，给出实现底线公平需要的条件，预见需要注意的问题。广东省在社会建设和社会管理的重大举措是在全国率先制定并实施《广东省基本公共服务均等化规划纲要》，景天魁教授认为，“最低生活保障制度、义务教育、公共卫生和基本医疗就是我说的‘底线公平’这个划线的界限，是政府责任和市场作用之间的界限”。这和《广东省基本公共服务均等化规划纲要》规定的八项基本公共服务（四个“公共”：公共教育、公共医疗卫生、公共交通、公共文化，四个“保障”：生活保障、医疗保障、就业保障、住房保障）不尽相同，但理念理论上是相通的，有很高的参考价值。

社会建设中基本公共服务领域的理论与实践探讨。第五篇《交通与幸福》（靳文舟）与第六篇《住房问题与住房社会政策》（唐钧）从理论和实践上分别详尽论证了公共交通和住房保障与社会建设的关系。在《广东省基本公共服务均等化规划纲要》里，公共交通和住房保障均属规定的广东省八大基本公共服务项目之一，与基本民生、与社会建设息息相关。

公民参与的理论与实践探讨。第七篇《公民有序政治参与》（曾德雄）厘清“民”与“公民”的区别，分析中国社会的转型态势，指出中国过去的社会是以道德为核心的社会，而现在的社会是一个以权利为核心的社会，同时由一个熟人社会向一个陌生人社会逐步过渡转换，所以我们要讲公民有序的政治参与。“权利既是文明的脚步，权利也是文明的标志”，这种社会转型的痕迹在每个人身上、每个地方都可以看到。文明越往前走，我们的社会越发展，我们的权利会越来越得到保障，这也是文章的主题。

社会组织的理论与实践探索。第八篇《包容性增长和中国非政府组织的发展与管理》（施雪华、刘耀东）引入“包容性增长”理论，论证在“包容性增长”理论背景下发展与管理非政府组织，发挥非政府组织的社会管理功能，可以使政治系统、经济系统、社会系统之间的互动更加顺畅、更加合理、更加理性。包容性增长本质上是一种把经济增长过程和经济增长结果有机统一的经济社会协调发展模式，也是一种社会资源更加公平、公正分配，社会更加有序、和谐发展的社会状态。近年来，包容性增长作为一个经济与社会发展的新理念逐步引起我们党和国家领导人充分重视。

他山之石。第九篇《新加坡：一党执政，活力何来》（吕元礼）介绍新加坡的模式，新加坡式的民主，新加坡的社会建设和社会管理模式，和我们中国的模式进行了比较，尤其是把新加坡的领导人李光耀与我国领导人毛泽东、邓小平进行了比较，都非常深刻。文章里面有一个最大的特点，就是它不仅给我们介绍了新加坡的经验，而且使我们看到了自己的经验，吕教授带来了一些新的视觉和新的思维方式。

经济在转型，社会在转型，广大干部需要勤于学习、善于借鉴，促进自身思维、知识、经验的转型升级，全面提高社会建设和社会管理的科学水平。

李培林：

社会建设与中国经验

李培林　1955年生，山东济南人。1982年毕业于山东大学哲学系，1983年出国留学，1984年获法国里昂大学硕士，1987年获法国巴黎第一大学（索邦大学）社会学博士学位。1988年回国到中国社会科学院社会学研究所工作。李培林教授兼任中国社会学会会长，马克思主义理论工程社会学专家组首席专家，国家社会科学基金评审委员会委员。曾为中央政治局集体学习讲解“努力构建社会主义和谐社会”。

李培林教授的主要研究领域为社会发展、社会结构、企业组织和社会政策。他是较早提出中国社会转型理论和经济社会协调发展的社会学家。他多年来一直努力研究和回答中国现代化建设中的重大的现实问题。李培林是年度报告《中国社会形势分析与预测》（社会蓝皮书）的主要组织者之一和主编之一，该报告已经连续发表了十几年，在国内外引起广泛的关注。他执笔的2005年总报告《构建和谐社会：科学发展观指导下的中国》和2006年总报告《中国站在新的历史起点上》都产生很大的社会影响。

精彩言摘

“什么是社会建设？过去在党和政府的文件中，社会往往理解成一个‘大社会’，比如说新民主主义社会、小康社会、和谐社会、中国特色社会主义社会，包括了经济、政治、文化等各个方面。现在我们说的社会建设相对来说是一个‘小社会’，这个‘小社会’就是有别于政治、经济、文化的一个社会。”

“社会建设是一个比较大的概念，涵盖了很多方面，现在的社会建设以民生为重点，中央提出民生几个方面无非就是就业、收入分配、社会保障、教育、医疗等领域。”

“无论解决什么问题，不能单一地依靠某一种力量，光依靠政府不行，光依靠市场也不行，而是要在市场、社会和企业这三种机制之间建立起一种运行方式来解决这个问题。”

“只有一种力量有可能替代和弥补单位的弱化，这就是社区。”

李培林：

新中国成立60年来，前30年我们是"勒紧裤带造原子弹"，后30年是"改革开放吃饱穿暖奔小康"，下一个30年是十六个字："以人为本、公平正义、社会和谐、科学发展。"建设社会主义和谐社会，让我们每一个人生活得更加幸福、更有尊严。

现在我们国家一方面随着市场经济的转型深化，随着工业化、城市化、现代化的推进，整个经济都在发展，都在往上走，整个国家充满活力和朝气。但是另一方面社会建设又滞后于经济建设。科技、教育、卫生、医疗、社保等方面都滞后，造成了大家都看到的现象：就业难、上学难、住房难、看病难。何谓社会建设？我们国家社会建设有哪些成就和经验？还存在什么问题？今后该怎么办？李培林教授以"社会建设与中国经验"为题作答。

什么是社会建设？过去在党和政府的文件中，社会往往理解成一个"大社会"，比如说新民主主义社会、小康社会、和谐社会、中国特色社会主义社会，包括了经济、政治、文化等各个方面。这种理解来自于传统，因为毛主席在抗日战争的末期写《新民主主义论》的时候，就提出新民主主义的政治、经济和文化三者相结合，就是我们要建设的民主主义社会。所以我们讲物质文明、政治文明、经济文明三者，都是按照这个传统来的。

但是在社会学理论当中，也有一个中间的概念，即"中社会"。比如我们讲国家与社会，包括马克思主义讲的市民社会，我们现在讲公民社会，公民与市场和国家的概念等等。现在我们说的社会建设相对来说是一个"小社会"，这个"小社会"就是有别于政治、经济、文化的一个社会。这个概念形成于十六大报告的时候，当时要全面建设小康社会，我们认为我国的经济一直快速发展，所以要在社会方方面面都取得进步，所以提出了六个分领域的目标。这个目标提出以后，很多人在想这个社会是什么社会？如果一个社会把政治经济、科教文化都排除以后，这个社会还有什么内容？

到2004年，中央提出构建社会主义和谐社会和社会建设的重要思想以后，在社会上引起了非常强烈的反响，中央是想能够继续在理论上有所完善。到“十一五”规划的时候，我们强调科学发展观和构建社会主义和谐社会的两大重要战略思想。到十七大的时候则需要找一个统一的理论来统领各个方面，现在是用科学发展观统领全局，以经济建设为中心，全面推进四大建设。虽然理论上是这样说，但是现实的需要是，我国改革开放以后，经济以平均10%的增长速度向前发展，同时却出现了很多的社会问题，这些问题引起了人民群众的强烈不满。所以我们希望能够在经济快速发展的同时解决好这个问题，使改革开放能够取得更好的成果。

改革前与后是两个完全不同的阶段，最主要的特征是实行了市场经济。然而到了当前这个发展阶段，在很多特征上已经和改革开放初期发生了深刻的甚至是根本性的变化，这些变化是我们要解决的突出问题。而且我们的主要思路也发生了变化，或者说我们是不是能够按照改革前二十年的主要做法和思路继续推进后二三十年的发展，还是说我们在某些方面要作出一些新的调整呢？这个问题就涉及我对中国经验的一些理解。

大家知道在中国经验这个概念进入之前，大家已经在谈北京共识和中国模式，但是我觉得中国模式并没有形成。小平同志在1992年南方谈话的时候说：“恐怕要再过20年，中国的制度才能逐步定型。”我们一直在想这个定型是什么意思？小平同志当时说你们要大胆闯、大胆试。现在20年过去了，按照小平同志的设想现在应该开始逐步定型。但是我觉得中国的发展还是在快速的推进，现在还谈不到定型的问题。我们并没有一个基础的模式，今后可以按照模式继续推进。中国的经验是开放的，随着时间的推移在不断发展、不断地提出新的东西。

现阶段和改革开放初期相比，我国发展的阶段性特征到底发生了哪些重要的变化呢?

第一，从短缺经济到公共产品的供给不足。改革开放初期，我们面临的是所有的产品都短缺，当时是大规模扩展经济，提供人民群众需要的基本生活用品。但是从20世纪90年代后期就发生了变化，到现在更加明显，新的需求、新的短缺在形成，这些短缺就是现在所谓的民生问题，已经不是我们的温饱问题，而是教育、医疗、社会保障、收入分配、就业。它们都是属于我们所说的公共产品和公共服务，这不是完全依靠市场自发调节来满足充分供给，也不是回到计划经济时期完全由政府就能解决的问题。所以现在我们所谓的解决民生问题，就是要解决怎样给人民群众充分提供一种有效的、廉价的，而且服务质量较好的公共产品和公共服务。

第二，从平均主义到收入差距的扩大。改革开放之前平均主义是我们体制的主要障碍，改革就是要打破平均主义，提高资源的分配效率。所以小平同志当时说要让一部分人和一部分地区先富起来，这是带动全国的大政策，为了突破各种体制障碍，小平同志在各种场合反复讲这一大政策。正是在这个大政策的影响下，我们国家调动了每个人的积极性，使这个社会充满活力。但从90年代中后期以后，收入差距的扩大和发展，却超出了我们的预期和控制范围。

有一个美国的经济学家提出了倒U形曲线，也就是说，这个收入分配是倒U形，我们本来以为中国也是这个规律，扩大到一定程度就会缩小。但是90年代后期以后，我们看到中国不是这个趋势，所以中国的经验和其他国家的发展不一样。现在我们已经提出要逐步地扭转城乡区域扩大趋势，而且要提高低收入者的收入水平，调节过高收入，走共同富裕道路，而且采取了各种措施，让农村致富，但是到目前还没有一个学者提出我们具体到哪一年、到未来什么时候，这个收入分配的差距会出现拐点，而且目前这个趋势还在继续扩大。所以要解决的主要问题已经发生了根本性的变化。

第三，从温饱和耐用消费品时代到大额消费品时代。改革开放以后，随着经济的发展，消费基本有三波：第一波是80年代中期，我们开始解决了温饱问题，那个时期主要解决的就是吃饭和穿衣问题，伴随着服装业发生了巨大的发展变化。第二波就是90年代初期和中期，家用电器进入千家万户，这个过程大概用了十年，而很多欧洲国家这个时期大概用了三十年。到现在为止是第三波消费阶段，首先是出现了各种新兴的消费领域，包括旅游、休闲、通信等等。但是目前阶段一个更重要的特征就是大额消费，以汽车和住房为代表。

消费有一个规律，当一个地方出现了巨大的需求，社会就有大量的资金涌进这个领域，这个领域出现充分的竞争，然后消费品的价格会不断地下降，电视、冰箱是这样，汽车也是这个规律。但是说到住房，情况就发生了变化，一方面许多人等着买房，出现巨大的需求；另一方面，价格在不断攀升，而且所有人都预期未来还要攀升。前不久，我在北京开一个研讨会，一个地产商称现在北京中心区的房价是3万～5万每平方米，但实际上这个价格要到10万才是正常的。

第四，从廉价劳动力生产到产业结构升级。改革开放以来，我们主要的优势就是供给。与发达国家相比我国在技术和资本上都没有优势，但是我国有充足的劳动力供给，这样中国的产品就能卖到全世界，“中国制造”遍布世界的每一个角落。但是现在我们进入了产业结构升级的时期，以往靠廉价劳动力生产出来的产品随着劳动力价格的上涨，利润的空间已越来越小。但是产业升级不是一夜之间能够实现的，它包含了技术含量、劳动力素质，以及创造、发明等方方面面的问题。到了这个阶段以后，我们遇到了一道坎，也因此出现了劳动力市场有些地方是短缺、有些地方是过剩的结构性差距。

第五，从增长依赖投资和出口到更多地依赖国内消费。这是现实逼迫我们发生的根本性转变。在改革开放的阶段，我国主要是靠投资、出口、消费这“三驾马车”来促进。我国的外贸出口一直是以百分之十几、二十几的速度增长，而且在金融危机之前出口贸易占GDP（国内生产总值，以下简称“GDP”）高达60%左右，没有一个大国像我们能有这么高的外贸依存度，像美国和日本大概只有百分之二三十。一些小国是有可能专门把经济完全依赖于出口，但是中国这么大的国家，我们的未来不可能继续这样维持下去。中国在全世界面临着各种国际贸易争端，这些争端不是我国与那些国家的关系突然不好了，或者说这些国家对中国的强大产生畏惧了，而是中国如果再这样发展下去，等于把全世界低端的制造业全部包揽了，会在这些国家造成大量的失业问题，而这些问题就影响到他们国内政府的民意。这些争端会越来越激烈，迫使我们要把经济增长依赖的主要力量更多地放在国内的消费上。

社会建设是一个比较大的概念，涵盖了很多方面，现在的社会建设以民生为重点，中央提出关于民生的几个方面无非就是就业、收入分配、社会保障、教育、医疗等领域，主要的问题有这样几个：

一、就业与社会保障

我们面临就业严峻形势的同时，却又看到出现了“民工荒”，这已经不是第一次出现了，大家还弄不清楚到底是不是有这个“荒”，还是说这只是一个伪命题，有人把这个“荒”加了一个竖心旁，质疑到底是真荒还只是我们心慌。

2009年我国的城镇失业率为4.3%，城镇登记失业人员是900多万人，加上尚未找到工作的进城农民工和大学毕业生，需要就业的有2000多万人。而2009年全国城镇新增就业岗位是1200万个，这是比较高的数字，政府要花很大的力量促进就业才能达到新增1000多万个就业岗位。也就是说，每年肯定找不到工作的就有800万～900万人。

但是现在对经济形势的判断是一个很复杂的问题，我们手

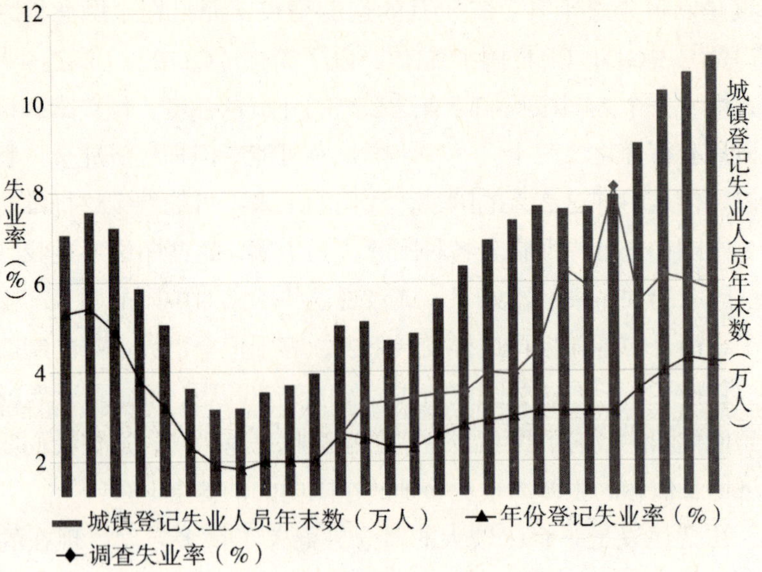

失业率的变化（1978—2008）

里没有对就业形势有灵敏反应的数据，发达国家都是按月公布调查失业率，每月要公布调整后的数据，但是我国就一直没有建立起调查失业率的制度。这张图（见上图）是国家历年的登记失业率的数据，现实的发展并不是这个曲线能完全反映的。上面的曲线是学者们画的，这是调查失业率，但是它并不是一个非常科学的曲线，因为学者不是一个机构，可以连续地跟踪调查做统计，它是根据全国的人口抽样调查数据，每一次调查之间并不是可比的，但它也不是没有意义的，它大体有一个规律就是调查失业率是高于登记失业率，或者说调查失业率更接近实际的就业市场的变化。

另外，调查失业率的变化和起伏是大于登记失业率的。改革开放以后，大体有三次就业严峻时期：第一次是改革开放初期的时候，一千多万下乡知识青年回城。那时候市场机制还没有完全形成，主要是靠政府，政府建了大量的集体企业，大的国有企业建专门安置知识青年的附属企业。这些企业并不是真正挣钱和有效益的，但是它们能够快速地解决就业问题。第二次是1997年到2003年，在五年的时间，我国的下岗职工接近3000万人。这是一个非常残酷的过程，特别是在东北老工业基地，几代人集体下岗，一个几万人的企业一夜之间关闭，应当说他们也度过了一个非常艰难的时期。所以那个时候调查失业率和登记失业率的差距比较大。第三次是2008年金融危机后，登记失业率有了一个略微的提高，但是这个提高也就是零点一二个百分点的比率，但是调查失业率就有一个比较大的提高。所以在金融危机发生的2008—2009年，就业问题是一个很大的问题，如果金融危机持续三四年，调查失业率一直居高不下，社会会发生非常不稳定的情况。现在打工的年轻人年龄相对比较年轻，那些找不到工作的人聚集到农村或者城市，都会对社会造成很大的威胁。

2008年金融危机时期，有三个出乎预料。一是就业形势的好转比预想快得多。二是东南沿海劳动密集型工作出现人员短缺。我们没有想到就业形势发生了如此快的转变，而且发生了结构性的短缺，也就是“民工荒”。而第三个出乎预料是大学生就业恢复如此缓慢，这也是我们没有想到的。现在的劳动力市场不是一个统一的市场，而是分割的市场。尽管这两个市场的竞争价格接

近，但是仍然不是一个统一的市场，大学生就业领域主要是白领，属于服务业市场；而农民工主要是蓝领，集中在初级制造业。

关于初级劳动力的短缺，现在很多人提出各种各样的理由，说是因为春节过后，很多农民要过了正月十五才出来打工，而二三月份正是企业大量接订单的时候，因此造成劳动力短缺。还有的人提出是我们的劳动力供给结构发生了长远的变化，人数的绝对量是在下降的，已经到了一个转折点。

我认为出现这个问题是和我们的产业结构调整有关系的，产业结构调整是一个缓慢的过程，不可能在一夜之间调整过来。现在初级劳动力市场的利润空间已经很低，随着农业和内陆地区的发展，各地工资的差异越来越小，所以农民外出打工的冲动越来越弱化。与此同时，企业不能升级，就没有足够的利润来付农民工较高的工资，所以出现了阶段性的结构问题。

再看看大学生的就业问题。由于这几年大力地发展教育，大学扩招之后，大学生入学率从8%提高到24%，短期内的发展非常快。大学毕业生从2001年的110万人增加到2010年的660万人。就业率从2001年的90%多下降到现在的60%。2009年7月份，国家教委公布的大学生就业率是74%，但是网上讨论存在“被就业”的问题，现在到高校去调查，他们都说现在的就业率达到90%以上，都高于教委公布的数据。国家有一个专门从事大学生就业问题的机构，根据他们的调查，截止到2009年7月份，大学生签约率大概只有51%。我们则认为比较接近实际的数据是介于国家公布数据和市场调查数据之间的60%左右。当然，初始就业率能达到60%还是很高的，有一个更重要的指标是大学生毕业半年后能不能找到工作。大学生找不到工作也可能是“自愿失业”，意思是并非绝对找不到工作，而是找不到符合自己对收入、发展和工作条件等方面预期的工作。如果半年以后大学生的就业率没有大幅度降低的话，问题还不是太大。

现在大学生就业出现的一个问题是，一些过去被认为是热门的学科，现在就业反而变得困难。根据调查数据分析，前10位失业人数的学科，第一是法学，其次是计算机、英语、国际经济与贸易、临床医学等等，都是热门的行业。现在的家长为了孩子的教育都投入巨大，希望孩子未来有一份较高收入的工作。大学为了迎合家长的这种心理，都去办工商、国际贸易、计算机专业，这些专业招生量很大，一旦遇到金融危机，在不招工和有可能裁员的情况下，这些专业的毕业生就很难找到工作。

另一方面，大学生的平均工资在下降，而农民工的平均工资在上升。现在大学生的平均工资只有1700多元，这两个领域的平均工资水平开始越来越接近，但是双方是不能互相补充的，因为即使农民工的工资高，大学生也不愿去从事蓝领工作，因为对于大学生来说，白领工资再低也还有一个前景发展的希望。

过去一想到要解决就业问题，民工的期望就在政府，希望政府能够解决他们的饭碗问题。学界认为改革开放以后，就要依靠市场，要大力发展民营和中小企业，创造就业岗位来解决就业问题。经过这么多年的实践，我觉得无论解决什么问题，不能单一地依靠某一种力量，光依靠政府不行，光依靠市场也不行，而是要在市场、社会和企业这三种机制之间建立起一种运行方式来解决这个问题。

新劳动法提出之后，正好赶上国际金融危机，很多企业认为政府不符合实际，新劳动法要求提高劳动监督，要加强社会保险的覆盖率等等，增加了企业负担，一旦企业垮了就业也就无从谈起了。后来国家作出了一些改动，实施了一些暂行规定。不管怎么说，解决这个问题要考虑到社会各个方面利益的要求，能够使政府机制、市场机制和社会机制能够达成比较好的协调。

现在就业问题有一些结构性的变化已经超出了我们过去的认识，过去的大学生就业方向主要是大企业和国有部门。但是在调查中发现，目前42%的大学生就业签约的都是民营企业和个体企业，这些企业已经不是在街头摆摊的或一般的制造业，很多民营企业都是高科技和高技术企业。国家的4万亿投资计划也应以民营企业优先考虑。我们的投资方式和政策要有改变，否则就会出现另外一种现象，一方面好像投资过剩，大量的投资流向股市和房市，另一方面中小企业却贷不到款。现在不管是大学生还是农民工，他们的就业观念已经发生了根本性的变化，为解决就业问题提供了很好的条件。

在第一次失业高峰的时候，知识青年回城后认为就是要依赖政府。国企职工下岗的时候也是这种思想，认为解决就业不是我自己的问题，而是政府应该承担的事情。现在农民工和大学生没有这个观念了，基本上认为这个事情就是我的事情，要自己解决自己的问题，在这样的情况下，还是要充分发挥政府和市场的作用。

与此同时，就业问题和社会保障问题是紧密相连的，为什么要实行更加积极的就业政策？因为一个人就业的时候就会有收入，就可以消费，对国家经济增长就能作出贡献；但是一旦一个人丧失了工作，国家就要给他提供失业保险，如果没有失业保险的话，还要有最低生活保障金。这是两笔账，前者是国家进账，后者是国家支出。

但是，就业保障的压力不是来自于市场竞争的压力，更大的压力是来自于人口结构的快速发展，没有一个国家的人口问题像我国这样会对经济发展产生如此重要的影响。新中国成立初期，我国的人口结构是一个标准的金字塔，因为生活好转，大量新生儿出生。从20世纪80年代初期开始，我国在城市严格实行一对夫妇只生一个子女的独生子女政策。这个政策的影响很大，80年代新出生人口大量减少，到2000年第五次人口普查的时候，我国的人口结构基本上已经呈陀螺形。在未来的25年将会发生什么样的变化？在2025年人口预测图中，会发现人口结构已经发生了很大的变化。我国改革开放能取得这么大的成绩，人口结构的变化也有很大的贡献。在改革开放头二三十年，老人和少儿占总人口的比例是不断下降，而劳动年龄的人口是不断增加，在这个过程当中社会负担在减轻，劳动力供给量在增加，所以我国有劳动力的比较优势来支撑经济的快速增长，但是现在这个阶段将会出现转折和可能结束的问题。

随后将有什么变化呢？一个是老年人口的快速上升，同时劳动年龄人口的比重在逐步下降。这样就带来一些问题，一方面劳动人口比重下降也许对农民工是好消息，低成本劳动时代逐步走向终结，长远来看工资水平会出现一个较快增长；另一方面，还必须配有快速的产业结构升级，服务业的比重在城市经济中能够较快增长，特别是提供大量的白领就业的岗位，还要快速普及养老保障。

我们说全面建设小康社会，要在2020年建设起覆盖城乡生活的保障制度，第二项就是医疗。现在我们通过四项制度建立起一个几乎覆盖全民的公费医疗制度、城镇企业职工的医疗保障制度，很快要普及到全国城市居民的医疗保障制度，农村实行合作医疗。现在养老覆盖的人口还很少，过去大概覆盖的是全国的25%，现在覆盖面在不断扩大，但是大多数人还是以家庭和储蓄为养老的主要手段。我们现在要求在农村里面是覆盖10%的县，大概要争取在2015年到2020年基本搭起这个框架，否则过去建立覆盖全国的网络成本就更高了。不要怕水平低，但是要搭起这个体系，现实逼迫我们如果不搭建体系，人口的困局将很难应对。家庭结构也在快速地变化，以前一个父母生三四个孩子，孩子再生三四个，现在这个结构倒转过来，是一个独生子女上面有爸爸妈妈，还有祖父祖母、外公外婆，所以必须有一个新的体制应对结构变化。

二、收入分配与扩大内需

现在都在谈扩大内需，但是内需又很难快速提升起来，所以很多经济学家不太相信内需能够迅速扩大，他们仍然认为在未来的经济增长中应维持一个较高的投资率。大众消费的时代实际上已经到来，只是政策没有跟上，民众有很大的需求，我们却没有办法满足这个需求。房子就是一个很好的例子，说内需不足，这么多人等着买房子还内需不足吗？大家都排队买车还内需不足吗？所以不是内需不足的问题，而是很多政策和民众强烈的消费欲望还没有结合起来。

2009年城乡居民收入增长了9.8%，居民收入增长是高于消费的，因为前三季度居民储蓄余额也增长了26万亿，26万亿是什么概念？整个GDP也就30多万亿，26万亿差不多是整个GDP的四分之三。2009年社会消费品零售总额增长了16%，消费的增长将近是GDP增长一倍的速度，而且在2009年8.7%经济增长的贡献当中，投资占8%，消费占4%，而出口是负增长，只有出口降低了增长速度。

但是也有一个问题，从表面统计的数据来看，收入的增长速度并不慢，但是去年网上也有一些议论，民众感觉到自己的实际收入并没增加这么多，这是什么问题呢？这和统计方式有关系，改革开放那么多年，其他方面取得了很大的进步，但是统计往往跟不上市场的变化。现在全国城镇从业人员3亿多人，但是“职工”这一概念只涵盖1.3亿人，私营企业和个体户所有的从业人员已经是从业的主要群体，但是这些人还不在主要的统计当中，所以平均工资并不是城镇从业人员的平均工资。很多人把平均收入看成是民众的平均收入，可是现在收入差距很大，高收入人群的收入也要加进来进行统计，因此有可能是60%的人是在平均线以下的，感觉到实际收入没增加那么多不奇怪。

一方面说消费不振，好像大家都没有钱消费，但是从统计来看好像又不缺钱。从1994年到2008年，我国的税收总量从5000多亿一下增加到5万多亿，增长18%，增长率远远高于GDP的增长。与此同时，“老百姓”好像也不是没有钱，这个老百姓要打一个引号，因为银行储蓄的钱到底是不是老百姓的钱和到底占多大比重，也是很难说清楚的问题。在我国，收入是最说不清的问题，本来一个国家的储蓄应该是全部居民的收入减去全体居民的消费，剩余的部分有一部分是现金，有一部分投入股市，再一部分进入银行的储蓄。但实际上我国银行储蓄每年增加量是远远大于收入减去消费的剩余，在我看来，有很大一部分人的收入是被低估的，隐性收入是没有统计到的，有的说占GDP的30%，也有的说是25%。所以当我问你有多少收入，一个明确的信号就是工资的收入，但也许你额外的收入可能是两倍三倍，这个是很难统计出来的。

我们不缺钱，我们有大量的生产，这些产品必须出口，产生了大量的外汇，这些外汇需要到国外去花。但现在欧元很不安全，有27个国家，其中一个国家出现问题就会有影响；日元几乎是零利率，不但不升值，可能还会贬值，还要交管理费、手续费什么的；英镑和卢布更不敢买。所以只能买美国的国债。我国之前是美国最大的债权国，最近放了一部分，日本成了美国第一债权国。美国一看它的钱不够了，出现债务危机以后，就开动机器大量印钞票，使美元贬值，而且说人民币升值还不够。美国通过货币游戏，把我国的债务稀释了。因此，我们就要靠国内的消费来提高自己的生活水平从而满足支撑经济的力量。

但是在收入增加的情况下，宏观信号也是很明显的。居民消费率的含义是全部居民的消费占GDP的比重，美国居民大概是70%，日本是60%，我国现在已经下降到在全世界来比都是非常低的水平。美国3亿人大概一年消费10万亿美元的商品，我们13亿人一年才消费1万亿美元的商品，所以消费市场的规模不是按人头计算的，13亿人只是潜在的市场，是以人民币计算的，也就是说我们10个人也不能赶上他们1个人的消费。我国的消费为什么不能扩大呢？一个重要的原因是和现在收入分配的结构有关系。基尼系数是世界通行的衡量贫富差距大小的指标，我国在改革开放初期，基尼系数为0.2，在世界范围内算是很平均，太平均了就会出现大锅饭，没有激励机制。基尼系数理论上讲有一个合理的空间，在0.3～0.4之间，但是现在我国已经超过了合理的区间达到0.5左右。这样一来造成了虽然我们的收入还在快速增长，但是另一方面由于分配过于不平均，所以有钱的人不消费，想消费的人又没有钱。

经济学领域里面有一个通行的规律，这个规律叫消费随收入增长的边际递减，随着你的收入增加，消费占收入的比率是不断降低的，这个规律在有些国家不是太明显，但是在我们国家的调查数据里面是非常明显的。2008年城乡调查数据显示，越低的收入其家庭消费率越高，低收入家庭消费率都是90%以上，这种家庭挣100多块钱，90多块钱都是要花出去的。而高收入的家庭消费率不到60%，大概有一半的钱划为储蓄或者是投资。我们现在的消费还受到社会保障体制以及其他因素的影响，影响最大的是三个：教育、医疗、住房。越高收入的家庭绝对消费额越高，但算比例的时候就会看到，越低收入的家庭，教育费用占家庭消费的比率越高。

这说明什么问题呢？教育在我国不是一般的商品消费。一般的商品消费是可选择的消费，也就是说到市场买东西，你是根据你的消费能力买，收入高的买东西要买高质量的，买一个名牌的；如果收入低的，更多的要考虑价格的因素。但是教育不一样，第一，因为中国有重视教育的传统，教育是决定孩子未来命运的关键因素；第二，现在实行独生子女政策，一个家庭只有一个孩子，这个孩子一定要接受最好的教育。这样一来，教育就很难受到家庭消费的约束，低收入家庭砸锅卖铁也要让孩子接受最好的教育，造成了这个比例在家庭消费里提高，以致压低了其他各种各样的消费。

另一个是医疗消费，消费比率也是中低收入的家庭远远高于高收入家庭。

但是住房是唯一不一样的问题，近些年来，我国住房的投资属性日益明显，高收入家庭买的很多房子都是用来投资的，一个再高收入的家庭，自住的话200平方米怎么都可以了，但是他还是继续买，就是说他有投资的预期。

解决当前的消费问题，住房是一个很重要的因素，不但把这一代的收入过多地集中消费在住房上，而且是把上一代收入（很多年轻人买房子是靠父母掏首付），甚至把下一代的收入（房子分期付款）也都放在这个时段。把这么多未来和过去的收入放在当前，就使其他的商品消费没有力量。怎么解决这个问题呢？两会期间这也是民众很热烈的话题，现在又出现了不同的声音，有的说要靠市场，有的说靠市场是不行的。北京出台了以后要把新增土地都用于社会保障的政策，但是在我看来，仍然不能解决稳定房价的问题。因为现在的需求太大了，这个需求不仅仅是消费的需求，还有很多是投资的需求，现在大家会想，我有点钱该干吗呢？投资办企业太辛苦了，现在竞争这么激烈，利润这么低；如果炒股，股市也不稳定，不是能够保证挣钱的方法。升值空间最大可能就是房地产，以前我们说得有二三十年的收入才能买房子，现在失业就去买房子，房子升值你就有收入了。

我们必须想个办法，就是怎么能够实现大规模的充分供给，因为我们的土地高度稀缺，造成了地价的增长，地价的增长又推高了房价的增长，现在土地都成了天价了，何况房子呢？有人说最大的供给就是加速城市化的过程，在这个过程当中让农村的住房进入商品市场，让小产权房能够正名。现在所有的农民住宅只有虚拟价格，如果这些房子都能进入市场的话，供给一下就会增加很多。而供给的增加，在竞争的状态下房子的平均价格会降下来。

消费的问题和分配的问题是紧密相连的，而且这个问题不仅仅是经济的问题，也是一个社会和政治的问题。现在分配政策得不到认同，其实本来的分配政策问题也不是多么的严重，但是现在它引起了群众的不满。在收入分配和社会认同中，其他一些国家有60%的人认为自己是社会的中层，而主观的认同和客观的收入差距大小是没有严格逻辑关系的。美国比法国收入差距大很多，但这两个国家中也都有60%左右的人认为自己是社会的中层；日本是收入差距最小的国家，而巴西是贫富差距悬殊的国家，比我们国家还要大，到处都是贫民窟，这两个国家同样有接近60%的人认为自己是社会中层；印度的贫富差距非常大，而且是比较穷的国家，也有60%的人认为自己是中层。

但是到了中国，2003年出现一个偏向，只有46.9%的人认为自己生活在社会的中层，2008年的偏向就更大了，还不到40%，认为自己属于下层的占到50%～55%。大家感到很奇怪，怎么会这样呢？我们中国的GDP是印度的两倍多，但在那样一个贫富悬殊的地方，却有60%的人认为自己是中层。在和印度的学者研讨的时候，我问他们的学者：怎么会有这种情况呢？到底是什么原因？其实这就是主观的感受，印度有宗教制度，每个人都认为自己能处在那个位置已经不错了，印度学者说住在大城市贫民窟的人还

患不均

有认为自己是中层的。中国人则不是这样，都觉得自己处的位置应该比现在的更高。

当然，在中国虽然中层比较少，但是也有农民工认为自己是中层，而很多已经是中上层的却不认为自己是中上层。我做调查的时候，曾经和北京一位处长朋友一起吃饭，他问我在干什么。我说在搞全国调查，然后就说先调查调查你吧。我问他觉得自己属于哪个层？他想了半天问我："我这样的是不是属于中下层啊？"我很吃惊，说："你怎么会属于中下层？全国那么多的农民工和下岗职工，你都中下层了他们是什么层？"他说："你不能这样算，你们这些学者光看收入不看消费不行。"我说："按照北京市的规定，北京市搞阳光工资，处级的5000块，你最少的收入5000块钱还算中下层吗？"他说："你没有看我的消费，我们这一代没有赶上福利分房，在四环以外租了房子，每月2000多块。有一个孩子上小学，虽然是义务教育，但吃住还要管，最大的开支是上补习班，现在孩子都上，再穷也不能耽误孩子。我是从农村出来的，每月还得给家里的父母寄钱表孝心。另外还有一个妹妹找不到工作，现在每个月资助她300～500块钱。我好歹也是一个博士毕业，打拼了这么多年，也没有混到个中上层，真失败！"

我想我们的分配政策，如果连这位处长这一层的人都不能满意，怎么让全国的老百姓满意？所以分配政策改革，不仅仅是调整结构，不光是把富人的钱拿来交给穷人，这个工作当然是要做，但是需要一个过程，这是一个复杂的问题。社会制度也是一种技术，如果这种技术不完善，有可能既损害了市场也损害了公平。所以我们在进行收入分配调节的同时，要比较好的建立起公平合理的制度。按小平同志先让一部分人富起来的设想，收入肯定有差距，但是这差距主要还是凭本事和才能产生的才行。我们现在处于一个初级阶段，这个制度必须是合理公平的，这一点是很重要的。否则，会发现费了很大的力气去调节，最终还是每个阶层都不满意。

三、看病难与事业单位改革

在全国调查中，被人民群众认为第一难的问题是看病难、看病贵，在过去和历次的调查中都是没有出现过的。为什么看病的问题是老百姓认为最严重的社会问题呢？

首先看家庭的消费结构，现在医疗仅低于食品和教育的家庭教育支出。没有一个国家的医疗支出比例像我国这样高。而且医疗不是平均的消费，有病的人才需要消费，所以平均11%的消费支出意味着有病家庭的实际支出还要大得多。医疗制度在我看来成绩是最大的，建立起城镇职工和城镇居民的制度，现在报销的比例不一样，公费医疗是最高的，城镇居民报销50%，农村合作医疗报销30%以下，但毕竟有了这样一个覆盖的制度。2006—2008年的调查数据中，完全自理的部分在快速下降。医疗制度在迅速地改变人们的生活，但是医疗费要自理和只能够报销少部分的人的比例，还是占需要看病人口的绝大多数。

其次，医院的体制也在发生变化，为什么说看病体制和事业单位改革有关系？一个社会和国家组织分成三级：企业、政府和非营利机构，这是三种不同的法人，也是三种不同社会运行的机制。企业当然以营利为主要目标，政府是为全国拨款，是为公民服务的；非营利机构和事业单位是公益性组织，但又不是完全靠国家拨款，自己要能够运行和发展。过去我们没有这种概念，改革开放初期，我们认为要么是政府的，要么是市场的。现在要转型，事业单位要变成营利性的组织，要允许事业单位创收来弥补经费的不足，这样一来事业单位就变成了第四种。

我们社科院现在还叫全额单位，医院是差额拨款单位，到2009年这个结构仍然没有变化，医院40%来自药品出售，40%来自医疗服务，只有百分之十几是政府拨款。这样一来造成的结果是县一级和地区一级大的医院日子还好过一点，到了基层的医院就很难运作了。创收的任务因此被层层分配给每一个大夫头上，每一个大夫在看病的时候就要问，你是公费还是自费，公费的话就多开点，开营养药。这样造成的结果是我国预算内的医疗支出几倍于GDP的速度在大规模地增长，同时也造成了药品的价格比食品价格更快速度的增加。十年以前看一个感冒可能二三十块钱就出来了，现在估计没有一两百块钱是出不来的。

那么怎么解决这个问题呢？国家也看到人民群众的不满，所以国家要控制药品的价格，就对外公布基本用药的降价名单，现在发改委已经连续20多次向全社会公布，但每公布一次，名单内这个药品就不见了。在医院里还有一种奇怪的事情，一种抗生素可能有五六个名字，美国等发达国家一年也就上市8～10种新药，并且有很多的规定。我国在这个领域直到现在还是控制得非常的宽松，2005年一年国家上市了1万多种新药，所以这才有后来的国家食品药品监管局原局长被判极刑的结果。实际上这人贪污数额也不是特别巨大，但是情节特别严重。为了加强管理，现在又把食品药品监督局划归卫生部领导，但这不是改变机构就能解决的问题，而是涉及整个事业单位的改革，也就是医院、学校、文化团体到底怎么运行？如果找不到合理机制的话，这个问题就解决不了。

我是我们工作单位的事业法人，性质还是国家全额拨款，但是国家给我的钱只是我医疗花费的四分之一，现在我们单位的老专家住协和医院一天就4000多块钱。我和所里的人说你们也去搞研究，看看这问题怎么解决。他们提供了三种方案给我选择，一种是减少开支，每个项目投入的钱少一点，但这样会直接影响工作，行不通。第二是挂账，就是把账欠给国家，是政策允许的，反正单位一届领导就这么几年，下一届的领导又年轻又聪明就让他去解决。但现在人都不笨，接班的时候首先查账，这办法也行不通。第三种办法就是创收，不但弥补窟窿，大家还可以发一点奖金、津贴，搞个旅游、会餐什么的。这样的干部才显得有能力、有办法、有思路，得到群众的拥护。但是我们上哪创收呢？咱们是社科院，又没有土地又没有房子。下面的人说，别的不行，咱们办班还不行吗？还要进行市场调查，什么班赚钱就办什么班。社科院是什么机构？国务院直属机构！定位是国家的智囊团，国家花这么多钱养几千人，是全额拨款，一旦他的行为发生扭曲以后，就会与建立这个机构的初衷完全相悖。但是我敢说，这种苦恼和问题几乎困扰着我们全国4000万事业单位人员，特别是领导。怎么办？怎么运行？不干维持不下去，干又带来了行业不正之风，败坏了整个社会的风气，但又不是我们自己的事情。

现在的医疗问题是由于一个体制机制的问题，造成了老百姓不满意，业内人士也不满意。两会期间很多医生的意见很大：我们是医生，哪个国家的医生不是一个较好的阶层，有较好的收入？我们上大学还比你们多上几年呢。现在的报纸把我们都写成黑衣魔鬼，春节收到的短信都写“白衣天使黑心肠”，这是一个什么社会？其实这不是一个人工作作风和道德水平的问题，而是体制机制的问题，如果机制不发生变化，这个问题是解决不了的。所以说整个事业单位进行非营利机构的改革，是比国有企业改革还要艰巨的社会任务。在给群众提供廉价、快捷、较好的服务的前提下，还要给它们一个自我发展的空间，能够按照自己的能力继续发展，而且要给业内人员符合劳动法贡献和人力资本水平的工资待遇。在这样的条件下，建立一个机制来实现这些目标，谈何容易？

四、社会管理与社区建设

我国过去的社会建设管理体制的基础是单位组织，单位组织是一种特殊的组织，不只管工作而且管生活。在这样的体制下，过去我国是通过户籍制度、单位制度、档案制度把每一个人固定在一个位置，便于社会控制和管理。但是这种体制也带来了效率问题，改革以后要改变这种状况，所以实行了住房的自有化、聘任制、社会保障从单位化向社会化的转变。但同时也带来了一些问题——基层问题在基层解决不了。

现在按照调查数据，全国城镇从业人员60%多不在单位，很难管理。以前政府习惯发红头文件，往下传达政策，但是现在这个办法不灵了，因为“单位”覆盖的人群越来越少。还有一些基层问题，政企分开、政社分开，在单位发生争执没有人解决，打官司成本太高，所以就去上访，这样北京的压力就很大。北京南部有一个上访村，有几万人，形成一个上访市场，专门给上访的人提供领导人的电话号码、出行路线，提供上访一条龙服务。所以很多企业、机构派人在北京等着，一看到从当地来的就想办法把他们

弄回去。这个问题没有得到很好的解决，在老百姓的眼中，信访解决问题的能力是比较差的。在这样的情况下，个人的支持力量向社会转移，大家有困难更多的是想到私人的关系网。现在大家形成的习惯是孩子的入托、上学、找工作或者是困难的问题，第一个想到的就是找个朋友，觉得私人的关系更能够快捷、成功地解决问题，从而造成社会交易成本非常高。

现在搞新的社会管理转变，要理解社会到底发生了什么变化。按照我们的调查，只有一种力量有可能替代和弥补单位的弱化，这就是社区。社区被群众认为是最大的社会支持力量，所以我们说整个社会管理体制的基础发生了转变，过去是以单位为基础，现在以单位和社区共同作为基础。这样，社区工作就必须专业化，每个单位都想在社区建立自己的工作平台，因为这是覆盖全社会的唯一网络。专业化就是吸收高学历的人从事这项工作，如何吸收呢？就是给他一个合适的工资水平，现在大城市社区工作人员的工资大概每月2000～3000块钱，这样就能吸收一些大学生工作。但这还不够，因为社区工作还不是公务员，是居民自治组织，身份没有被明确，所以要明确他们的身份。现在新设立了一个叫社会工作师的职称，同时干部选拔有两条路，一个是单位推荐，一个是从基层组织选拔，给社区工作人员一个未来发展的前景。而且现在规定以后公务员必须要有基层工作的经验，这就是要鼓励他们去基层工作。现在搞社会建设要培养大量的懂得社会如何运行和善于进行社会管理的人才和队伍。社会建设不是一个空口号，有很多问题需要我们用新思路去解决，像小平同志说的现在要大胆地闯和探索，不是我们什么都定型了，要探索新的道路，才能支撑我们未来二三十年沿着持续快速的道路向前发展。

链接

提问：您去年有一个讲话提出了以民主促民生，以民生提升民主，这个具体怎么讲？

李培林： 这是总结杭州的经验，杭州在解决民生问题的时候，采取了很多民主的办法，广泛吸取民意。我觉得这不是在政治体制层面上讲的，但很多做法在社会管理上很有意义。现在都倡导低碳生活，缓解交通拥挤，杭州搞了一个公共自行车租赁服务，北京也搞了，但效果完全不一样。北京那里没有人使用，但是杭州变得很方便、快捷，谁都使用，其实就是运营机制的问题。北京是需要拿证件，车子骑了以后要放回原处。杭州是在实行之前广泛征求民意，让大家说怎么办，最后基本上是免费的，用了自行车以后在任何站都可以还，用起来很方便。所以在解决民生一系列问题的时候，采取的是扩大民主的方法。民主机制政府要学习，群众也要学习，而且要实践，民主是一个很重要的机制。法国有一个学者20多岁的时候到美国去，他发现美国的民主和欧洲的民主完全不是一回事，他说在欧洲要解决一个事情，在英国基本上是贵族说了算，在法国是政治家说了算，在美国遇到一个事情不能解决的时候，人们就成立一个社会组织解决这个事情，所以民主有各种方式。我们还要探索适合民生的方式，民主是为了增加社会福利的最大化，而不是降低福利的最大化。

提问： 关于国家的医疗问题，有一个国际惯例，就是大块的公益事业由政府埋单，小块是市场由私人埋单，连印度也是这样，但我们的政府却不是这样，请问这其中的原因？

李培林： 现在一种意见是扩大政府的投入，特别是对公共医疗的投入，这个方面国家正在做的就是增加一般居民的医疗公共服务，所以现在大量建立社区医院。我们不指望政府像计划经济年代那样把医疗包起来，这不是政府的财政能够承担的。北京最好的医院是协和医院，现在年收入差不多是15亿元，政府给它的钱就几千万，但是这种医院靠大量的有医疗保险的人看病还能够维持运行，而下面的基层医院运行就很困难。这些领域的改革，一方面政府把主要的公共服务和产品投向一般的公共领域，剩下的高端市场现在政府也要敞开，就是向私人投资敞开，这方面我们敞开得还不够。虽然理论上允许私人资本投向医疗领域，但又怕管理不好。北京只有中日友好医院是民办的，当年王永庆要在中国建医院，最后也没有完全实现。解决这种问题也要沿着这种思路，政府应该干什么事情，社会应该干什么事情，市场应该允许做什么事情，还是要发挥这三个机制的共同作用来探索我们新的道路。并不是说中国人笨，这个问题是困扰全世界的。奥巴马搞的医疗体制改革方案，也是艰难通过的，因为这个方案有很大的风险，未来的财政赤字会带来一些问题。如果企业的问题在过去的20多年中我们基本上得到解决的话，下一步非营利的运营不只是医疗的问题，包括大学，现在两千多所大学，大学的硬件可以和国际一流学校媲美，但是我们的教学质量和内容、培养的人才实在是和我们的市场需求以及我们达到一流大学的要求还差得很远。所以我说社会改革是一个任重道远的事情，国企改革我们进行了一二十年了，也不能说改好了，也遗留了很多问题。医疗体制的改革和社会改革还在起步阶段，我们不能太理想，三年两年就把这个问题解决了，我看也不是那么简单的问题。

丁元竹：

社会管理：问题与方向

丁元竹　现任国家行政学院决策咨询部副主任、教授。兼任北京大学、中国人民大学、浙江大学、中央民族大学教授。创办北京大学志愿服务与福利研究中心并担任主任。主持国家有关部委委托课题、国际组织课题数十项。出版专著有《社区研究的理论与方法》、《社会安全网再造》、《志愿服务在中国》、《志愿活动研究：类型,评价与管理》、《社区发展》（合著）、《走向21世纪的社会问题》、《建设健康和谐社会》（主编）、《中国非政府公共部门与公共服务》（主编）、《问责性、绩效与治理》（主编）、《构建诚信友爱的和谐社会》（合著）、《中国2010年：风险与规避》（合著）、《费孝通社会思想与认识方法研究》、《社区的理论与方法》、*China Human Development Report*、*Social Capital in Asia Sustainable Development Management*等二十多部。在《人民日报》、《瞭望周刊》、《宏观经济管理》、*Hitotsubashi Journal of Economics*杂志发表论文三百多篇。曾任国家发展改革委员会宏观经济研究院研究员、研究院学术委员会专家组成员、国家发展改革委员会高级职称评审委员会委员。曾分别在加拿大蒙特利尔大学和美国匹茨堡大学做博士后研究和访问学者。曾应邀到美国、加拿大、日本等二十多个国家和地区进行学术交流和演讲。

精彩言摘

“社会管理是指在一定的共同价值的基础上，一定的规章制度下，一定的法律框架下，消除或减少社会问题的发生。在这样的前提、目标下，政府、社会组织、企业大家一起来处理社会事务，解决社会问题。”

“我想社会管理的手段和目标有五个方面：（1）协调社会关系；（2）解决社会问题；（3）规范行为，应对社会风险；（4）化解社会矛盾；（5）最后达到社会有秩序，保持社会的和谐，实现社会的公平和公正。根据我的理解，社会管理也是政府四大职能（经济协调、市场监管、社会管理和公共服务）之一。”

“国际上也讲社会管理，它是在两个层面上讲，一个是技术层面的社会管理，技术层面的社会管理就是指一个国家对重大的政策、重大的环境问题，以及一些重大措施，它要实施社会影响的评价。在发达国家社会管理还有一个管理的层面就是宏观层面的管理，这个管理主要是通过政府的公众政策、政府的福利政策，以及政府的社会政策等的介入来消除贫困，协调社会关系，促进社会公平与公正。这更多体现在社会政策方面。”

“经济转轨和社会转型的压力不会简单地随着经济的增长和改善民生而彻底消逝。就是说通过这两个方面是可以缓解，但是不会消逝这种压力，要全面减轻经济转轨和社会转型的压力，必须提高社会自身的治理水平，提高公民的社会责任，换句话说要促进社会的发育、发展。”

丁元竹：

新的历史时期，“十二五”时期我国一个很重要的任务是要把民生作为重点的社会建设，放在更加突出的重要位置。要把为人民群众创造祥和有序的社会环境来作为改善民生的重要内容。要处理好战略机遇期和矛盾突发期的各种社会问题、社会矛盾和社会冲突，就要搞好社会管理。社会管理从十四届三中全会最早提出这个概念，经过十六大、十七大，到2011年2月份胡总书记的讲话，越来越受到党和国家的重视，越来越成为党和政府工作的重点。

丁元竹教授在《社会管理：问题与方向》一文中重点阐述了什么叫社会管理，目前我国在社会管理方面存在哪些问题，下一步要怎么做，有什么对策，要走什么方向。特别是，他对社会治理、社会管理和社会建设三个概念的具体含义和联系作了梳理。

这个时期以来，社会上包括政府都在关注的话题，就是社会管理问题。我主要想从三个方面来谈一下自己对这个问题的认识：第一是社会管理是什么？第二为什么要管理社会？第三是怎样把社会管理好。

一、社会管理是什么

1. 社会管理的概念。

我的理解是,社会管理是指在一定的共同价值的基础上，一定的规章制度下，一定的法律框架下，消除或减少社会问题的发生。在这样的前提、目标下，政府、社会组织、企业大家一起来处理社会事务，解决社会问题活动。我的界定归纳为四个方面的问题，第一管什么？管生活问题，管社会矛盾，管社会冲突。第二为什么要管？就是减少社会问题发生。通过这些管理来实现社会活力和社会秩序，让社会保持活力，让社会充满秩序，这是它的目标。第三怎么去管？在一定的价值基础上去管，在一定的法律框架下去管，依法管理，依制度去管理，依照一定的理念去管理。第四谁来管？我的理解是政府、社会，还有私人部门，也就是企业。

所以，社会管理是一个多元治理。它包含几个方面的意思，我特别强调在社会管理中注重价值理念的创新。一定的社会管理，一定的社会制度，一定的体制机制，它背后一定有一套价值体系，有一套观念在支撑着它，不管你相信不相信，它一定有。我的老师费孝通在20世纪30年代翻译了美国著名社会学家帕克的一本书，帕克曾经提出一个思想，他说任何一套制度的背后都有一套价值体系在支撑着，不管你自觉不自觉。这套价值体系确保你的制度以什么样的方式在运行。如果你有一套好的价值体系来支撑一个好的制度，制度的运行就能达到它的效果。如果有一套很好的制度，没有好的理念，没有好的价值体系，这套制度的实施肯定要打折扣。

我举一个例子，比如说我们经常谈公民社会，但公民社会到底是什么？支持公民社会的理念和价值是什么？我记得2006年十六届六中全会以后，我和北京的一位领导出差，他是国务院一个部门的副部级领导干部，他知道我做志愿者也做志愿者研究，他就告诉我他也是一个志愿者，每个礼拜只要是周六不开会、不出差，他一定去图书馆帮忙整理图书。后来他说在做志愿者的过程中他发现一个问题：我们的社会大家都想做志愿者，也都谈公民社会，但是很多人却没有公民意识。他一开始去做志愿者的时候，别人不知道他是一个高级干部，所以他这个志愿者也干得好好的。但有一天图书馆领导知道了他是一个现职的某重要部门的领导，他就说部长你不能在这干了，你最好到我们办公室去指导我们工作。他问为什么？结果图书馆的领导说因为你是领导。这位领导是我见到在领导干部里面对问题认识比较清晰的。他说本来一个公民社会，首先每个人应该承担公民的责任，行政的级别实际上是一个行政系统为了保持行政系统的效率才存在的，在一个社会领域大家应该是平等的参与公众事务。这个事件反映了我们要推动的社会发展，理念还是非常重要的。我自己过去在北大做志愿者服务研究的时候，每次开会，很多人要求我坐主席台，给我提要求的很多都是民间组织的领导。我问他们为什么这样要求，他们就说因为好多领导干部都坐主席台。我说，我开会从来不把人放在主席台上，我自己也坐在下面。由此可见，当我们建设所谓的公民社会也好，进行社会治理也好，其实本身从事这方面的很多人并没有真正地理解公民社会的真正的价值是什么。所以我们要搞社会管理、社会治理，一定要考虑我们在理念上、价值体系上有没有这样一套东西。

社会管理由谁来管？我认为是政府和社会组织、企业。社会管理的主体是政府，也是社会组织，也是企业。这几年来我们在社会管理上一直强调的党委领导，政府负责，公众参与这样一个格局，这是一个多元的管理的格局。

2. 社会管理的目标和手段。

怎么去理解社会管理？根据这个理解，我想社会管理的手段和目标有五个方面：（1）协调社会关系；（2）解决社会问题；（3）规范行为，应对社会风险；（4）化解社会矛盾；（5）最后达到社会有秩序，保持社会的和谐，实现社会的公平和公正。根据我的理解，社会管理也是政府四大职能（经济协调、市场监管、社会管理和公共服务）之一。

过去我们一直把社会管理叫做宏观调控，宏观调控又是一个经济协调，它通过货币、投资、消费、国际收支平衡等一系列手段来保持经济的平稳运行。我们都知道在市场经济条件下，市场本身的供求关系、信息的不对称等各种原因导致经济是波动的。宏观调控的目的是保持经济的平稳运行，不至于使经济大起大落。这是20世纪30年代以来，由自由经济向由政府参与的市场经济过度出现了新的管理方式，就是经济领域的管理，我们把它叫做宏观调控。我理解的社会管理实际上是社会领域的宏观调控，通过协调各种社会关系，在各种社会关系里最核心的是生产关系，包括我们看到2010年发生的经济领域一系列的劳资关系，这些都是社会关系。通过社会管理来协调各种社会关系，规范人们的行为，解决社会问题。比如说企业中发生的劳资冲突问题、媒体讲的校园袭童案问题，以及精神疾病引发的其他问题，还包括我们讲的常规的失业问题、犯罪问题等等，这些都是社会问题。

另外就是社会风险。社会风险有两类，一类是自然灾害引发的重大风险；另一类是社会本身发生的各种冲突；还有一些社会矛盾。通过这些调节来实现社会秩序，保持人民生活有一个祥和的环境。经济的宏观调控要保持经济的平稳运行，那么社会的管理就要保持社会的环境，也就是社会生活。社会管理、社会建设最终是要为人民提供一个健康的、良好的、幸福的生活。我觉得我们今后要更多地关注大家的社会生活怎么去建设，就像经济建设要提高人民的物质生活水平一样，社会建设就要提高人民社会生活的质量。

3. 社会管理的历史与变迁。

社会发展或社会建设，它随着人类的发展不断发展，也不是现在提出来的，实际上在人类发展的不同历史时期就有不同的社会管理形式。我把它分成三种管理方式，其中一种发生在传统的社会，像农业社会，那个时候大家都居住在一个村子里，按照德国社会学家滕尼斯的说法那叫做传统的社区。传统的社区里面文化是一样的，大家在同一种文化、一个共同体里面生活。这个时候有管理吗？有管理，比如说发生的很多社会事务，像婚姻、丧葬、冲突、教育、养老等。这些社会问题谁来管，实际上是社区和家庭来管。比如说我们历史上最早的教育是私塾教育，这种私塾教育是在社区里完成的。大家知道费孝通写过一本很著名的书，在国内外奠定了他在社会学界的地位，就是《乡土中国》，里面讲了很多乡土社会是怎么治理的。其中讲到无讼，乡土社会是没有诉讼的，那发生问题以后谁来解决？是由乡村的长老解决的。所以，1948年历史学家吴晗和社会学家费孝通在清华大学搞了一个研讨班，出了一本书叫《皇权与绅权》。书里面讲了很多有意思的观点，其中有一个结论是在传统的农业社会里面，皇权是不下县的，也就是说在县以下是没有皇权的。那么县以下的社会谁来统治，谁来管理？那就是绅士了，那些退休的官员，那些考上了举人的知识分子，以及那些有社会影响的人，他们在农村社会进行社会治理，就形成了这种传统的社会管理方式。

所以，著名的管理大师德鲁克说，200年前社会和社会事务是谁来处理的呢？就是社区。后来随着生产方式发生的变化，工业革命开始，大量的农村人口离开农村进入城市，这些来自不同农村社区的人在城市就业，在城市工作，传统的社会救助体系、传统的社会治理模式解体。解体之后，就出现了一些新的问题，比如失业、孩子上学、生病养老等。在这种情况下，仅仅靠传统的社区不行了，那么谁来治理呢？靠政府。所以从19世纪末到20世纪70年代，政府起到了非常重要的作用。1889年德国铁血首相俾斯麦颁布了德国的《养老保险法》；1914年英国建立了福利国家；1935年，罗斯福通过国会颁布了《社会保障法》，通过一系列的政府的介入公众事务，开始了政府参与社会事务管理的历史。

20世纪70年代，生产方式又发生一个很大的变化，那就是信息技术革命。信息技术革命造成了经济的全球化，经济全球化进一步的发展造成了全球的社会化，有人也称之为全球公民社会。在这个时期比较典型的是网络的出现以及国际民间组织的出现，这些事物催生了新的社会管理模式。

如果说在20世纪70年代以前，社会管理是在一个主权国家内部，它的主权政治、主权经济、主权社会是统一的，然而，随着信息技术的出现，一个国家的主权政治和主权经济是不统一的。因此，在新的条件下，特别是在2008年国际金融危机之后，世界提出全球经济治理模式，包括最近经常看到的关于人民币的问题、关于美元的问题、关于主权货币一系列的问题。这实际是各个主权国家在共同探讨经济的治理问题。但是我想，由于美国政府危机事件以及新的一系列事件的出现，全世界的政府可能在不久的将来会坐下来一同来探讨全球的治理问题。因此在不同的历史阶段，社会治理的内容、方式是不一样的。但是，总的来说，随着社会的发展，它会越来越复杂，体制机制的要求会越来越高。

4. 社会管理的其他解释。

社会管理这个词，在英文里很少看到直接翻译过来的概念，譬如说social management之类的。但是，国际上也讲社会管理，它是在两个层面上讲，一个是技术层面的社会管理。技术层面的社会管理就是指一个国家对重大的政策、重大的环境问题以及一些重大措施，要实施社会影响的评价，比如说对失业的影响、对收入分配的影响、对性别的影响、对社会发展的影响等等。针对这些影响把可能产生的负面影响控制在最小的范围之内，这个过程在西方就叫做社会管理的过程。它更多体现在技术层面上，主要是通过社会评估、参与、透明问责等方式来进行管理的。

在发达国家，社会管理还有一个就是宏观层面的管理，这个管理主要是通过政府的公众政策、福利政策，以及社会政策等的介入来消除贫困，协调社会关系，促进社会公平与公正。这更多体现在社会政策方面，所以，尽管我们现在找不到完全跟我们一样的西方意义上的社会管理英文的概念，但是在发达国家的历史上，一直到现在，他们实施的就是一系列社会政策和社会管理。

二、为什么要管理社会

当前我们提出社会管理的原因在哪里？我理解有三个方面的原因：

1. 经济转轨和社会转型的压力难以消逝。

我国当今正处于经济转轨期，由计划经济向市场经济转轨。另外是社会转型，就是由传统的农业社会向工业社会转型。在转型的过程中，由于经济的转型，市场经济体制的建立，打破了我们传统的社会结构，就出现了一系列新的问题，比如说收入差距的问题、收入分配体制的问题、失业问题或者说就业压力不断加大的问题等等。还有在一个在转型过程中，由于社会结构的调整带来的人们心理不适应的问题，以及在由农业社会向工业社会转型的过程中，出现了一大批农民工子女就业上学，他们所需要的公众服务问题等等，我都将其理解为社会转型期的压力问题。

据我多年的观察，经济转轨和社会转型的压力不会简单地随着经济的增长和改善民生而彻底消逝。就是说，通过这两个方面可以缓解，但是这种压力不会消逝，要全面减轻经济转轨和社会转型的压力，必须提高社会自身的治理水平，提高公民的社会责任，换句话说就是要促进社会的发育、发展。进一步说就是经济的增长本身并不能完全解决社会发展的问题，因为社会发展有自身的规律、自身的特点，不是完全依附于经济的，但是没有经济作基础是不行的，必须在经济发展的基础上同步地来推进社会建设和社会管理。

2. 新的历史阶段出现新的问题。

随着我们国家经济社会发展在新的历史阶段，出现了一些新的问题，我们面临着一些可以预见和难以预见的社会风险。我们国家的经济总量在过去“十一五”时期发展很快，从2005年18万亿，一直到2009年33万亿。2010年我们很自豪地说，中国已经超越日本成为世界第二大经济体，但这两天媒体有新的说法，实际上中国已经超过了美国成为世界第一大经济体。这个是根据什么来算的呢？是根据购买力来算的。过去是按照美元现价来算，最近这两天媒体在讨论，如果按购买力算，中国实际上的GDP总量是14.8万亿，美国是14.6万亿，比我们正好少2亿，这个算法可以从学术角度去谈。但无论怎么说，中国的经济确实到了这个水平，人均GDP 4000美元。不同的地区GDP的差异是很大的，比如广东、北京、江苏有些地方已经接近发达国家的水平。我们到了新的经济发展阶段，一方面是老百姓对新阶段的需求不一样，新的发展新的需求新的期待。另一方面是国际形势的变化，经济的全球化、社会的全球化带来了一些不可预见的风险。尤其是“五化两转”，所谓的“五化”就是市场化、国际化、工业化、城镇化，再加上信息化，这“五化”在我们国家现在这个历史阶段是在加速推进。“两转”，就是经济转轨和社会转型。这些变化带来了过去我们未曾遇到过的问题。比如说在城镇化过程中，大量的农村人口离开了农村进入了城市，尤其是过去20年内，有2.4亿农民进入了城市并产生了很多问题。

我举一个例子，农民工子女的教育问题。在“十一五”规划之前，我们在没有提出公共服务均等化战略的时候，这些孩子基本上是不能进入城市上学的。那些父母在十几年前把孩子放在农村，他们就成了留守儿童，这些父母在进入大中小城市十几年后，有的又生了孩子。在十几年前我们没有一套体制能够把他们吸入到正规的义务教育里面来，但是到“十一五”初期我们确定了公共服务均等化的基本战略，并在后期加大推进，让农民工享受基本教育和基本权利的时候，这些孩子已经成长起来了。他们有的是在城市里成长起来的，有的是在农村成长起来，到了城市

里面，现在十几岁了但未成年，他们没有接受过义务教育。于是在城市出现了一个新的问题，《瞭望》做了一个调查，在上海、北京，五、六年以前，城市未成年犯罪中的比例户籍人口占60%，甚至70%。最近几年没有户籍的外来未成年人犯罪率占到70%。而且，这一些未成年孩子60%没有受过义务教育，这就是新问题，就是在城市化过程中带来的问题。

当然，我们也有信息化、工业化带来的问题。这些问题现在都凸显出来了，怎么办？这就要求我们去解决，解决的过程实际上就是需要社会怎么去管理、治理、解决的一些问题。

3. 社会的组织和动员方式发生了变化。

随着社会结构的变化，随着信息化的变化，社会的组织和动员的方式发生了一些新的变化。由于网络和信息技术的应用，过去靠电话或者是面对面地接触，现在就通过虚拟世界去接触。过去像我们这代人老担心孩子放学以后没有跟同学接触的机会，但实际上现在的孩子是通过各种互联网进行了广泛的社会联系。他们形成了虚拟世界和实体世界并存的一个局面，这也是过去我们不曾见到的。而且，这两个社会它们之间是互动的，有时候实体社会里面一些社会现实的问题，比如说大家比较有意见的一些社会问题，可能反映到虚拟社会里面来，虚拟社会形成一种舆论环境又作用于实体社会。就像这次的埃及巨变就是在互联网领域出现一个新的迹象，本来互联网只是一种社交的网络，在这次埃及巨变里面它成了社交政治化的一个工具。比如西方国家利用互联网的垄断技术对发展中国家实施一些颠覆的政策措施，这些在全球化条件下都影响了一个国家的发展和稳定。

再一个是生活方式和交往方式发生了很大变化，过去大家仅仅靠实体接触，现在更多地是通过虚拟世界来接触。另外，问题的评判方式也发生了变化。过去我们是坚持一定的道德标准，现在很多是通过舆论标准。比如，2010年我们看到网络里面的一些热点问题，像“我爸是李刚”事件、 富士康事件、 郭德纲弟子打人事件、各地校园袭童事件、方舟子遇袭事件等等，通过天涯网等各种网络引发了社会的讨论，形成了虚拟世界和实体世界的互动。这都是新形势下的新问题。那么，这些新的问题就要求我们要加强和创新社会管理、社会治理。因此我讲的第二点，就是我们为什么要管理社会，我们社会到了这样一个阶段，首先从理念上，经济的发展并不会自觉地去解决社会问题，社会有自身的规律。另外我们确实面临一些过去未曾遇到的新问题。

三、怎样管理好社会

那么，面对这样一些问题、这样的新形势，我们怎么去管好这个社会？我个人理解有六点需要认真去抓，需要去做。

1. 发挥社会规范的基础性作用。

什么叫做社会规范？从社会学的角度来说就是指道德、习俗、舆论，这一系列的心理的力量。通过这样一些深层次的东西，首先对人的行为形成一种约束，这是最基本的。我认为实际上对人行为的约束包括两个方面：

（1）心态的约束。个人内心所确定的价值标准、信仰标准，哪些事可以做，哪些事不能去做。这是最重要的，也是最深层次的一个东西。过去我们讲社会管理一定说你违法不违法，但我强调社会管理最深层次应该从这开始。我在北京大学的一个同学到美国去了，到美国去以后我有一次去看他，他跟我说他入了基督教。我觉得非常奇怪，因为他是学自然科学的，而且是学物理的。他说其实他并不是信神，但是在参与这个过程中，他发现宗教有一种力量，就是当你去做一种事情，如果跟道德规范发生冲突的时候，你会受到内心的谴责，这种谴责可能使你不会把本来内心想做的事情外化为一种行为，也就是说在内心就把行为约束住了。

我回来以后想了很长时间，我对他信教非常诧异，但是我觉得他讲的这个道理，就是人民如何通过内心的约束来规范自己的行为这点很重要。我记得1991年我跟费孝通教授到曲阜看孔庙、孔林、孔府，回来的路上费孝通教授跟我讲了一句话，他说，“现在我们社会的很多矛盾，很多问题是发生在现实中，发生在人和人之间的冲突里，但实际上是一种的内心心态的冲突”。我说这话怎么理解？他说比如说海湾战争实际上是伊斯兰文化和西方文化之间的冲突，是一种心态的冲突。

所以，社会要真正搞好，首先要解决心的问题，心态很重要。二十多年前，在印度开了一个如何建设美好社会的国际论坛，参与的都是一些世界领袖，像基辛格、英国前首相希斯。他们一起讨论建设美好的世界应该从心做起，从内心的心态来做起。这是我讲的发挥社会规范基础性作用，最基础的社会规范实际上就是心态。

（2）道德规范，基本的规范。因为各种道德规范会对人们形成约束。我记得十年前我去美国出差，我对那里的财务制度不是很了解，我回来问负责人怎么报销，他说100块钱以下不需要发票，我说那我怎么报？他说你花了多少你就写多少。那时候作为一个中国人我是非常不理解的。比如我花了10元，我写50元行不行？我就问他们，比如说美国人吃麦当劳，因为吃饭100块钱以下不要发票。比如我花7块钱吃了一个麦当劳，我跟你说我喝了一瓶红酒，吃了一个龙虾，花了99元。那人就说一般人不会这样做的，因为这是honesty，如果你这个人不honesty的话，你会受到良心的谴责，而且如果被发现你会受到惩罚。

这个例子实际上讲了一个社会应该有一套规范，这套规范是人们行为的准则。这些准则不仅发生在类似我们讲的财务里面，也发生在人和人交往的过程中。我也经常讲在一个社区里面，在一个家庭里面，在一个工作单位里面，在人和人之间，如果每个人都能够按照规范、按照比较高尚的做人的标准去对待自己、对待别人，那么这个社会将是个道德水平非常高的社会。所以，为什么西方在讲社区的时候是用两个概念，一个是我们通常讲的居委会（Neighborhood community)，还有一个是在工作环境(Work community)里面，除了你工作要进行的程序以外，实际在一个工作环境里还有人和人之间的关系。那么这种Work community靠什么？靠规范，不是靠制度。一旦到了法规和制度层面的时候，人和人的关系实际上在心态上、行为上已经是很糟糕的了。所以，要充分发挥规范的基础性作用。要重塑这个东西，如果没有规范，要管理好一个社会是很难的。

2. 进一步推进社会体制的改革。

中共中央关于制定“十二五”规划的建议里面讲了这样一句话：“加强改革的顶层设计，深入推进经济体制改革，稳步推进政治体制改革，进一步深化文化体制和社会体制改革。”把社会体制改革放到一个非常重要的位置，最早提出社会体制改革是放在社会建设里面的，十五届七中全会把它放到整体改革里面。那么，社会体制到底是什么东西?

社会体制对我们的社会管理和社会建设也是至关重要的。大家都知道，我们对经济体制的认识经历了一个过程，也不是说1978年党的十一届三中全会一提出来经济体制改革的时候我们对它就那么清晰。我们实际上经过了很长时间的探索，逐渐明晰了社会主义市场经济体制是什么。1978年，我们知道通过联产承包责任制来明晰产权，实现所有权和使用权的分离，通过使用权的改革调动大家的积极性，所以农民的积极性就调动起来了。后来我们在1985年就搞了城市经济体制的改革、城市国有企业的改革，这两个改革实际上是通过明晰产权的制度设计来激发人民的生产积极性，推进生产力的发展。

随着生产力的发展，大量的产品生产出来了，怎么卖出去?到了20世纪80年代后期就进行了价格体系的改革，我们叫价格公关。这就是经济改革的历史。那么，在价格体制公关过去以后，我们慢慢就弄清楚了市场经济体制实际上它需要两个边界条件，一个边界条件就是它需要一个公平竞争的环境，第二个边界条件是它需要一个明晰的产权。那么，在这两个边界里面通过什么来发挥作用呢？通过价值机制来发挥作用，用价格机制来配置资源。但是，在这个过程中我们也遇到了一系列的问题，比如说关于市场和计划的关系、关于政府和市场的关系。我记得当时我在的宏观经济研究所，其中有一个经济学家提出来，政府指导市场，市场调控企业的模式。慢慢通过一系列探索，我们逐步找到了“社会主义市场经济体制”这样一个制度。在2003年，在中共十六届三中全会里面，提到关于社会主义市场经济体制的初步建立，这个初步建立就是指在这个时期，我们通过《物权法》进一步把产权明晰了，通过《反垄断法》把公平的竞争环境明晰。当然，改革还需要继续深入，这里面涉及很多其他的问题，我就不谈了。我只是讲经济体制改革我们经历了这样一个过程，经过了二十多年的探索，那么社会体制我们也需要有一个时间去认识。这个认识就是应该进一步解放思想，要像认识市场经济一样来认识社会体制，而且要分阶段地来推进社会体制的改革。

在这个过程中，我觉得首先要夯实社会管理的社会基础。所谓夯实社会管理的社会基础就是我们要建设一个和谐社会，我们要管理好这个社会，首先要有一个健康的社会，就是要去建设一个健康的社会。这里面很关键的就是我们要重视社会生活。经济建设是干什么？经济建设就是要让人民的物质生活不断丰富，

谁给理发师理发？

社会建设就是要让人民的生活更加幸福。什么叫社会生活？我个人把社会生活定义为发生在个人与家庭、社会、群体、社区交往中，以及各种其他活动中的一种公共活动，它以物质生活为基础，以社会交往为核心，以精神满足为目的。

为什么很多人富裕了，但是不幸福？因为没有社会生活，应该把社会生活的概念在社会管理和社会建设中提出来，把它作为我们社会建设和社会管理的目标。社会学家法妮·萨帕塔·曼席拉（Tiffany Zapata-Mancilla）说：“个人的社会生活取决于他（她）所处的社会环境。”为什么我说经济发展到一定水平，它并不直接决定人们的社会生活，并不决定人们幸福还是不幸福。人们的个人社会生活不是直接取决于这些，也不是直接取决于一些重大的社会矛盾、社会问题，而是直接取决于社会环境。这个社会环境包括三个层次：一个是他的家庭，一个是他的工作环境，一个是他所生活的社区。这些对个人的心情，对个人的心态影响是最重要的。因此，社会管理要夯实基础就是要建设一个坚实的家庭基础、坚实的社区基础，这个社区包括工作社区和生活社区。

克林顿在竞选总统的时候就提出一个口号，他说：“如果我当选美国总统，我想干三件事情，第一是强化美国人的社会责任，第二是强化政府的社会责任，第三是把美国建设成一个强大的社区。”这个强大的社区就是人和人之间相互关怀，关心公众事物。那么，政府的责任是什么？政府的责任是为每个人的发展，每个企业的发展，每个社会组织的发展创造条件。个人应该承担起对他人、对家庭、对社会、对社区的责任。所以，他把这几个因素叫做责任、机会和社区。责任是个人要承担的，机会是政府要去创造的，社区是每个人都应该去关注的。这个我觉得很有意思，很值得我们去强调，去夯实管理社会基础的时候我们应该关注哪些东西。

要完善社会管理体系、夯实社会基础，还必须推动社会协同和公众参与。在这个过程中始终要把理念创新放在重要位置。在党委领导、政府负责、社会协同、公众参与的过程中，如何来体现社会协同，如何来推动公共参与是今后一个时期我们管理格局的完善，社会管理创新非常重要的内容。

在这个问题上，首先我们的理念要创新，要把理念创新放在一个重要位置。在理念创新的过程中，首先要正确处理好权力和责任的关系、利益和风险的关系。这在社会领域和在经济领域是一样的。在社会领域，政府、社会、企业，不管哪个主体，你的权力越大，利益越大，那么你应该承担的责任也越大，风险也越大。这句话是我自己在基层摸索出来的，是从一些基层干部管理社会的经验里面提炼出来的。

这次中央领导在讲到社会管理的时候，我理解包括四个层面：第一个是社会事业单位；第二个是人民团体，像妇联、工会、科协；第三个是社会组织，也就是我们大家关注的非营利组织，或者叫第三部门，在我们国家叫社团、民办非企业单位基金会；第四个是基层组织，基层组织包括基层城市的社区和农村的社会组织，这四类都是社会组织。

我在西部一个城市调研，出发之前我们讨论了一个“两会”期间代表们提出的很突出的问题：收入分配改革的问题，就是蛋糕做大了以后怎么切的问题。一个村干部跟我说，把蛋糕让群众自己去切。我说这怎么理解？他说，我现在遇到在农村发展过程中的一些新问题，土地征用问题、农民集中居住的房屋分配问题、年终分

配问题，这些问题过去都是村干部几个人决定的，所以老百姓的意见很大。现在通过建立村的议事会，让每个村民小组派出一个代表来，农民自己来解决这些问题。但是，村党支部把握大的方向，把握你作出这些决策的规则对不对、符合不符合党的政策、符合不符合老百姓的要求。最后议事会发挥得非常好，那么，这样的一些矛盾他们自己解决了。这个村干部的做法等于把责任交给了老百姓，把利益也交给了他们，但是风险由他们自己承担。

所以，我觉得要推动这个问题我们要解放思想，政府要全心全意承担公共服务的责任，提供公共服务，提供财政支持，这是政府的责任。但是是部分承担社会管理的责任，不是全部的承担。我理解政府承担社会管理的责任：第一，提供财政的支持。第二，制定规则。不论哪个国家对社会都要进行管理，包括美国，你看美国的非营利法，美国的非营利组织实际上管理是非常严的，它按5034条款，8个条款，每个组织都有管理方式，其中里面都有这样一句话："任何非营利组织不能从事政治活动"，规定得非常清晰。任何一个国家在社会管理的过程中对社会组织的管理都是有规定的。所以，政府要部分承担，但是在承担社会管理的过程中更多地是创造环境，一个框架。第三，夯实社会管理的社会基础要尊重基层的首创精神，要善于引导和教育居民。尊重基层的创造精神是什么概念呢？社会管理、公共服务更多地是发生在基层，是老百姓直接去享受公共服务，直接去参与社会生活。所以，经济协调、市场监管、公共服务和社会管理，从政府这四大职能来说，公共服务和社会管理更多地应该是地方政府，特别是基层政府的责任。这样应该鼓励和支持基层的政府，基层的社会组织根据当地的需要，根据群众的需要去创造一些新的社会管理模式。

我们在制定"十一五"社区服务体系规划的时候，为了扩大视野，请了美国的一些城市的市长跟我们座谈。他们说美国50个州有50种社区管理模式，因为地方的各种情况是不一样的。所以，越在基层越要鼓励创新。最近几年我们国家各地在社会创新方面走出了很多的模式，进行大量的创新。为什么？因为社会发展到这样的阶段，老百姓有这样的需求。

举个例子，在解决农民工户籍流动的问题上，北京这几年全部解决农民工孩子义务教育的问题。重庆和成都通过户籍制度的改革，分三步走，解决了农民工的户籍问题。再举一个例子，比如社会组织的管理，北京搞了一个“枢纽型的社会管理模式”，上海搞了“社会组织联合会模式”。再比如网络的管理，通过网络来提供社会管理，安徽和辽宁都做得不错。所以我们要善于发现基层中一些好的做法，要给予支持。

其次，关键还是要鼓励人民具有公民意识。这里讲的公民意识更多的是一种公民对社会的责任，对他人的责任，对社区的责任，对家庭的责任。一个社会必须强调社会责任，没有社会责任，这个社会是不会有希望的。为什么呢？如果对社会没有责任，对家庭没有责任，那这个社会就会出现虚假，企业就会生产假冒伪劣产品，老板就会对员工不负责任，个人就会对家庭不负责任，那么这个社会就是危险的。

因此，要推动基层的社会发展，夯实社会管理的基础，必须强调公民的社会责任。我们经常讲一定要让老百姓参与社会，承担公民的义务。真正进入了公民社会需要一套规范，一套价值体系。我在一些基层调研时看到，一开始居民很有积极性参与公众事务，他觉得给他权力了。但是干了一段时间他又不想干了。为什么呢？他说天天做这种事情，又没有钱。到居委会、村委会提出要钱，说我天天参与民主决策，参与治理，你得给我发工资。村干部说我给你发了工资那你就要听我的。所以我想还是要善于引导和教育，参与社会管理，这是一个互动的过程，不是一个单向的过程，不是给你权力每个人都能去做。当然，这里面还有一个发展的阶段性。这是我讲的夯实社会管理基础，创新社会体制。

最后，创新基层社会管理体制。基层的社会管理体制主要是指社区和农村的村委会，村的基层组织。在中国这是非常庞大的。在民政部登记注册的社会组织到2010年年底有43万，城市居委会有8万多，农村的村委会有60多万，差不多有54%的农民还在农村。所以对这些基层组织的管理治理，它的体制机制的完善是非常重要的。我强调一点，东西方的社会治理和工业社会是不一样的。为什么不一样呢？因为它的社会结构不一样。

社会学界普遍接受费孝通教授提出来的“东西方社会格局的差异”。西方是一个团体格局，东方是一个差序格局。什么叫团体格局？以美国为典型，我们很多人讲到社会治理往往讲法国历史学家托克维尔写的《论美国的民主》这本书，讲1830年的时候，美国社会是怎么治理的。美国社会真的有它的特殊性。那么这个特殊性是什么东西呢？美国是一个先有社会，后有国家的国家。大家不信可以去看400年的历史，“五月花”号上的390多个西方人到美国的东海岸，上了岸以后他们怎么去请求印第安人帮忙，帮他们居住下来，然后帮助他们建立社区，最后他们又怎么去杀印第安人，把印第安人赶到边远地区。所以，在那本书的第一部讲的是社区，那个社区就是那些人慢慢建立起来的。来的人先建立社区，后来在建社区的过程中，随着公共事务的增多，人们对教育、文化及其他设施的要求不断提高，就出现城镇，出现了城镇就出现了城市，出现了城市后来就出现了州，美国州和州之间最后搞了一个宪法，那就是美国《联邦宪法》，才有了美利坚合众国。所以，美国最早是没有国家的，它是先有社会后有国家的，这是它社会治理的基础。所以，为什么费孝通教授讲它是一个团体格局，我们用通俗的一句话来说，“就像一捆筷子”，你把它捆在一起了。

而中国以及东方的很多国家，像日本，它是一个差序格局。什么叫差序格局呢？我举个例子，比如我这个杯子里放了水，我扔一个东西进去，这个水纹是往周围扩散的。它的中心是什么？中心是家。所以，它不是一个团体格局，它是差序格局。那么，在这样的社会结构里面你去发展社会组织，你去实行社会治理，你怎么去适应这个社会结构？这确实是我们非政府组织也好，我们研究社会管理的人也好，我们从事社会管理的人也好，都要认真研究的问题。一套机制，一套制度，放到一个制度环境里面它能不能去适应，这是过去我们不太考虑的问题，包括我们过去几十年在借鉴发达国家的经验过程中也很少去考虑这一问题。

2011年2月份我跟胡鞍钢教授到香港讲学，我看到香港的地铁、宾馆、商场、居民设施之间是全打通的，每个小道都通在一起。我跟胡鞍钢教授说，如果我们内地把这套东西移植过来，第一可以节省土地，第二可以给大家提供方便，第三，“十二五”规划里面把公共服务体系建设放在一个非常重要的位置，我觉得这是一个很好的借鉴。后来我又跟他讨论，当你把私人部门、公共部门这些设施都变成一种公共产品的时候，我们的价值体系，我们的制度环境能不能支持。最简单的一个问题，比如全部打通了以后，公共卫生谁来搞？这就是我们要研究的问题，一定要去研究。当我们看发达国家一套制度很好，在它那运行得很好，你想去借鉴的时候，你要看我们这套制度环境能够支持它的因素是哪些，不能支持它的因素是哪些，然后我们怎么去改进这种东西。所以，我们在新的历史时期，中国到了这样一个发展阶段，我们需要更多的思想、更多的制度来支持我们的发展，因为我们已经到了一个不是简单借鉴、简单照搬一些发达国家经验就能够解决我们的问题的阶段，很多问题是我们不曾遇到过的，到了这个阶段，我们已经认识到一套制度实际上是需要一个制度环境的。

当前我们国家的社会组织发展也存在很多问题，发展不平衡。有的发展很好，有的发展很不好，部分素质不高，还有为外来人口服务的社会组织不多。社区组织有待进一步发展，另外涉外组织管理难度比较大。因为我们国家随着全球化的加速，有大量的涉外组织进来，怎么去管它们，这都是一些新的问题。那么，这里面还要建立一个好的基层组织，好的基层组织会降低社会管理的成本。我个人理解在政府层面上，基层公共服务与基层的社会管理实际上是不能分开的，它应该是一起规划，一起建设。不能简单地理解公共服务就是公共服务，社会管理就是社会管理。

我在西部看到一个比较好的例子，政府给每个村子20万块钱搞公共服务。但是又不像一些其他地区，政府规定你这20万块钱搞教育或者搞交通，他说这20万块钱你自己决定怎么用。我们要知道一个农村，特别是西部地区一个农村给他20万块钱的时候，他们一是很惊奇，再一个没见过这么多钱，这个钱怎么用，大家真是废了很多心思。所以，有的农民就说这个钱我们把它分了；还有的村干部就说不行，这给我们发工资；还有的说，村里面过去很多年欠了很多债，这个钱就把它还债。但是，政府说：这个钱第一不能发工资；第二农村不能分；第三也不能还债。你就搞公共服务！不管你搞什么公共服务，公共服务怎么搞，农村自己去设计。比如这个村缺道路，就修道路；这个村缺卫生设施，就搞卫生设施；这个村缺文化设施，就搞文化设施。谁来决定？村民议事会来决定，村民小组来决定，村民小组派个代表来决定。

所以，在西部就通过这样一个政府提供公共服务的方式，催生了基层的社会治理，这个治理经过一两年的实践现在搞得非常好，也受到了有关部门的肯定。我们也去看了，确实非常好。表现在两个方面：第一，过去我们总是管理者想好，给他搞学校、搞公路，结果有些农村有学校了还搞学校，就造成了资源的浪费。农村根据他们的需求自己决定，这样公共财政的效率就大大提高了。第二，由于这些事情都是农民自己决定的，所以他也不上访，没有意见，社会矛盾就少了。所以，基层公共服务和社会治理是不能分开的，必须有机结合起来，这样才能把问题搞好。

3. 关注互联网时代的社会环境。

要把社会管理好，在当前和今后一个时期我们需要关注互联网时代的社会环境。这是一个新情况，它已经形成了一种新的社会环境，它引起了社会的高度关注。所以，我们要谨防互联网问题引发的社会管制问题。它是一把双刃剑，我们可以利用互联网来满足我们的一些生活需求，提高便利性，创造一个新的社会环境。但是也有很多人利用互联网传播虚假信息，带来社会的混乱，造成很多的社会问题。因此，这些社会问题还是需要管的。

4. 提高战略性的社会管理能力。

什么叫战略性的社会管理能力？最近一段时期我在研究社会管理的过程中，看各个国家的经验，发现是由联合国提出来的。就是对一些重大政策、重大项目，尤其是涉及民生的，像环境、水利、道路等重大项目，一定要听社会的意见，搞社会听政，让社会参与监督、参与评估。这些项目尤其要考虑三个方面的利益群体：一个是弱势群体，一个是边远群体，一个是农村群体，对他们的影响。我们也曾经想搞社会重大项目的社会影响评估机制，把它纳入到决策过程，纳入到项目的审批过程。这非常重要，因为它能够帮助我们，尤其是在当前，在城市化国家当中，涉及土地拆迁，涉及房屋拆迁，涉及土地征用，这些重大问题，如果我们进行一些战略性的管理，进行战略性的评估，那就能避免很多的矛盾。最近几年来，由于土地征用、土地拆迁引发的社会矛盾已经占了各类社会矛盾的1/5。所以，这个内容尤其要引入到我们政府在这个领域的管理中去。

5. 提高处置社会问题的能力。

我们要加强和创新社会管理，要把这个社会管理好。一个社会总有很多问题，就像一个人总有很多毛病，大的毛病，小的毛病，慢性毛病，急性毛病。一个社会集体，作为一个社会有机体，它也有很多社会问题。所以，我们的社会管理要有问题意识，要处理好社会问题。社会问题有两类：一个是客观类社会问题，就是我们看到的，像犯罪率、失业问题、各类心理问题，这都是客观的社会问题。它造成了社会关系的失调，影响了大部分人的生活，破坏了社会正常活动，所以，我们要去解决这类社会问题。还有一类是主观的社会问题，这些问题不是发生在现实中，但是由于我们的历史遗留下来很多问题你没有处理好，或者长期得不到解决，在老百姓的心里形成一种积淀。那么，它就会成为一种主观社会问题，这种主观社会问题在某一个突发事件发生或某一个客观社会问题发生的时候就有可能引发出来。所以，我们这几年突发性的事件出现了燃点低的特点，很小的事件会引发很大的事件。这几年无利益相关事件也发生的多，就是这事件和你没关系，但很多人参与了。为什么？就是由于长期历史遗留的问题不能很好地解决，就带来了我们现在看到的问题。因此，我觉得在新的历史时期，要把这个社会管理好，我们的政府、我们的社会、我们的企业一定要有一种社会问题意识，把各种矛盾化解在没有发生之前。

6. 提高应急管理能力。

前面讲的主要是从源头避免矛盾发生，通过体制机制建设，通过心理的建设，通过问题的解决，让关口前移，让矛盾化解在没有发生之前。但是，不管你的社会管理水平、社会管理的意识提高到什么水平，在社会发展的过程中，包括在个人的生活过程中总会有一些突发事件、意想不到的事件出现。那么，在社会管理和社会治理的过程中需要提高应急管理的能力。这里讲的应急管理不是简单地讲应急管理，而是要提高全社会对突发事件的意识。

为什么要强调这个东西？几年前，我参加奥运会的应急预案讨论的时候讲过一句话，“突发事件的第一个反应者不一定是应急管理人员，不一定是消防局、公安局，突发事件的第一个反应者一定是当事人”。这话也不是我说的，是“9・11事件”美国华盛顿市长罗伯特说的，他在五角大楼被飞机撞了以后，去救援的时候总结出来的。实际上大家仔细想想的确是这样的，因为当一个事件发生的时候，可能警察不在，可能应急人员不在，但是当事人肯定知道。所以，提高全民的应急意识、应急能力是一个社会应对突发事件最重要的、最基础性的东西。所以，要加强全民的应急意识和应急能力，这也是我们管理好社会的重要方面。

在这样一个新的历史时期，面对这么多新的问题，要把我们的社会管理好，我归纳为以下四句话：

关注心态建设，铸造社会生活。

鼓励基层创新，加强顶层设计。

强化部门合作，实现整体发展。

注重能力提升，促进公平治理。

链接

提问：请你说明一下社会治理、社会管理和社会建设三个概念的具体含义和联系。

丁元竹：这三个概念我从历史的角度去说，最早咱们用的是社会管理。1993年党的十四届三中全会提到政府职能转变的时候，讲到要加强政府经济部门的职能转变，提高政府社会管理能力，那个时候我们政府用了社会管理这个概念。到2005年的时候，胡锦涛总书记在中央党校讲话里边，说要形成一个社会管理的格局，就是党委领导引导，社会各界参与。这个时候一些学者提出来最好不要用社会管理，要用社会治理。那时候是什么背景呢？北京一些学者那时候倡导governess，governess就是一个自下而上的，各个利益主体之间相互协调的一种治理。社会管理是management，是控制的。所以，就出现了社会治理的说法。

我们讲社会管理，包括中央文件里面讲的社会管理，它是一个多元化管理格局。也不是人们说的政府，它是党委指导、政府负责、社会公共参与这样一种格局。还有一个提法是由单一治理向多元管理过渡的这样一种管理。从这个意义上讲，这两个概念只不过是学者们在最初的时候提出来的“社会治理”，他更多地强调公众参与这方面。但是，就目前使用的社会管理，我觉得无论是中央文件讲的社会管理格局，还是中央领导同志讲的社会管理由单一走向多元，其实已经把社会治理吸纳进来了。我看总书记讲话里面是把社会管理作为社会建设的一个重要内容来界定的。

林卡：
社会政策与社会质量

林卡　芬兰坦佩雷大学博士，浙江大学公共管理学院教授，博士生导师，浙江大学欧洲研究中心副主任。曾担任芬兰图尔库大学社会政策系研究员，南京大学教授（2005—2009），博士生导师，社会政策研究所所长。现为芬兰坦佩雷大学讲座教授和图尔库大学的讲座教授，中国社会学会社会政策专业委员会理事，中国社会工作教育协会常务理事，亚洲社会质量研究联合会主席。其在国际许多权威学术刊物上发表过学术论文，涉及社会政策、社会福利和社会学这些领域，并担任英文国际期刊“Journal of Comparative Social Welfare”国际编辑和英文国际期刊“International Journal of Social Quality”主编。其研究方向为社会保障、社会政策和社会工作。

精彩言摘

“社会质量的价值目标是追求社会和谐，一个社会发展的状况不仅仅看硬性指标，更重要的要看软环境，而在这个软环境的发展中一个最核心的内容就是要社会和谐和社会凝聚。社会质量追求的是考察各个社会的和谐状况、公正状况、福利状况，从而来考察总体的发展态势。通过社会和谐、社会公正目标的追求，能够使人们有基本的生活保障，能过上有尊严的生活。”

“社会质量有四个维度进行考察，第一个是社会经济保障。要有高度的社会质量，至少人们在社会中有基本的生活保障，人在社会中能够生存，这是最基本的。不仅仅是生存，还有更好的生活环境。

“第二个是社会凝聚，也就是社会团结。一个社会是好的，必须有高度的凝聚力，如果大家互不信任，这个社会就不会有好的质量。

“第三个是社会包容，如果一个社会有很多人群是处在主流圈之外、被社会排斥，也不会有很高的社会质量。因为非主流的人群的利益和权利得不到保护，而且他们也会以各种方式反叛，对主流社会形成压力。

“第四个是社会赋权，也就是社会参与。一个好的社会要让大家心情舒畅，能够积极地贡献于社会，如果大家都是很被动、不愿意参与，各顾各的，这样社会质量就不会高。”

林卡：

在经济高速发展的背后，我们却越来越明显地感觉到身边的社会发展和生活缺乏质量。改革开放三十多年来，我们主要关注的是社会发展道路和发展模式；今后的三十年，我们要全面衡量社会发展的状况和质量。目前再来讨论中国的发展问题，关注点不应该单纯在经济上，而应该是重点在社会上；不应该单纯在如何推动社会建设的快速发展上，而应该是重点在社会建设的质量的评价、控制和导引上。为此，一直站在中国社会政策学的前沿引领着社会质量的研究的浙江大学公共管理学院教授林卡，在《社会政策与社会质量》一文中介绍和阐述了“社会质量”理论。

一、社会发展和社会质量

我们所作的种种努力——政治、经济方面的努力，追求的是什么？我们追求的就是一个美好的社会和美好的生活，所以在这个意义上来说，社会质量、生活质量这些问题是我们追求的终极目标。中国在前二三十年的改革开放进程中，已经取得了很成功的经济增长，所以现在我们就要把越来越多的关注点放到民生、福利、社会生活、社会质量和生活质量方面。在这个背景下我认为讨论和倡导社会质量、社会福利方面的问题是尤为重要的。

1. 社会质量是一种“愿景”。

我是做社会政策的，但在社会政策的研究中也经常涉及文化问题，文化与社会政策联系也是密切的。我跑了二三十个国家，也经常比较他们的福利制度为什么会这样安排，在什么样的社会会有什么样的福利政策。通过国际比较我们就会感触到文化的作用。在此，在讲社会质量、社会政策之前，我先讲一讲对文化的两点观感。

从社会的视角来看，文化首先是生活方式。同时，文化也是一种社会精神、社会风气、社会风尚。这是文化内涵的表现形态。同时，无论是作为一种生活方式还是作为一种社会的风尚和精神的表现，它都是与社会现实互动的，所以我们讨论文化问题就离不开现实。我们通过国际社会体制的比较就可以看到，不同的社会有不同的文化，同时这些文化又形成了不同的社会体系，所以社会现实与文化体系是密切互动的。中国也是这样，不同的地区就有不同的文化。

另一方面，当社会演进和社会变化的时候，文化也跟着要变。中国也是这样。20世纪60年代、70年代、80年代的人，现在讲90后的人，文化都不一样，一个重要的原因就是社会现实在变。我们现在发展到哪一步、现在的状况怎么样，是我们理解今天的文化状况的一个基础。同时我们也要看一看，下一步我们应该向哪方面发展。将会向哪方面发展，就决定了我们未来的走向，文化是一个导引。我们经常说一个人希望成为什么样的人，他有可能就成为什么样的人。社会也是这样，我们今天经常使用一个概念叫“愿景”，社会质量，就是希望社会以后的发展和追求给人们提供一种“愿景”，使社会和大家去追求某种东西，这个就是社会现实、社会问题、社会质量这些问题的内在联系。

2. 中国社会发展的现状。

最近30年，中国已经成为了世界经济发展的典范。我们在二十年前关注的是发展社会学、发展经济学，把“发展”作为一个重点问题来关注。那个时候“现代化”成为了一句口号，成为我们国家追求的目标。通过这二三十年的实践和努力，我们自己已经成了经济发展的典范。国外现在学习发展问题都要到中国来学。有一系列的数字表明，从1978年到2006年中国的GDP不仅翻了一倍、两倍，而是好几倍。由于美国面临严重的金融危机，其经济发展的信心甚至对社会发展的信心正在削弱，甚至许多西方国家也不再那么自信了。在中国正好相反，中国对经济发展越来越自信，经济实力也越来越大，现在GDP总量达到世界第二名。这几年的经济发展势头很猛，人们预言，在未来的四五年中，中国的经济仍然将继续发展。

在这种背景下，前十年、二十年的历程和所做的努力就是建立一个社会主义市场经济体系，这种努力已经有了成果。我们今天再来谈论中国的发展问题，关注点不再是在经济上，而是应该放在社会方面。经济方面的发展固然还有这样那样的问题，但总的来说机制已经形成，有的人说中国经济只要按照这个机制运作下去就会安安稳稳的。社会方面也有各种问题，但最重要的问题就是有许多社会发展方面的机制和新的政策没有出台、没有形成体系。也就是说，内部稳定、持续、激发的机制还没有解决，它不像经济发展那样已经具有了机制，可以自动走下去。所以，我们现在应该把更多的注意力放在社会建设方面，来解决这些问题。今天我们讨论的就是如何增进社会建设的问题。

3. 中国的发展是叠加式的。

中国地大物博、经济发展不平衡，所以在一些发达地区考虑如何追求高质量的时候，我们也要考虑在不发达地区所面临的仍然是如何推进经济发展问题。我国有些省份甚至没有达到人均GDP 2000元的标准，有些省份已经超过了3600美元的全国平均标准，像江浙、珠三角和三大直辖市，人均产值就提升得很快，上海市已经超过了1万。因此中国是区域发展很不平衡的国家，这对我们社会问题的思考就有很多方面的启示，对文化建设的思考也有很多的启示。这要求我们在进行社会建设和文化建设的思考时要考虑不同的阶段，中国的发展是一种叠加：包括各种模式的叠加，主要是计划经济体制下老传统、市场经济体制下商品运作的同时存在；同时它又是各个区域发展不平衡，有的是低阶段，有的是中等发展水平，有的是高等发展水平。因此我们在讨论社会质量和生活质量的时候要讨论到种种因素的叠加。

4. 社会问题普遍存在。

人们在生活中已经体会到有各种各样的社会问题，而且有些问题是很严重的。人们经常抱怨的有住房问题、消费问题、各种各样的民生问题。在这么多的问题上如何看？我认为在考虑中国许许多多、方方面面的问题的时候，有两个方面是要特别关注的，也是我们现在搞社会政策的人所思考的，就是生活质量问题和民生问题。民生问题涉及的面很广，现在有的把公共交通、环境污染、供水供电、物价都包括进来了，这些都是民生问题，它们都涉及社会质量和生活质量。

从社会政策的角度来看，我们认为有这几个问题是焦点问题。一个是收入差距过大。市场经济的发展不可避免地要导致两极分化，西方的经验是这样，中国的经验从1999年以后十年发展中所看到的也是这样。当市场经济建立以后，这个体制在运作的过程中就会出现两极分化、收入差距越来越大，种种数据都表明了这个问题的严重性。这不仅仅是经济问题，也会是社会心理和社会的问题，因为社会公平直接影响到人们的观念，也涉及文化方面的价值问题。

如何解决收入差距？社会保障就是解决收入差距的一个基本途径。在这方面我们目前有一些发展，但是还很不完善。社会保障问题已成为了我们研究社会问题特别是如何缩小收入差距的关注点，因为社会保障在许多情况下就是收入再分配的机制，通过收入分配保障体制的运作可以减少收入差距。西方国家搞市场经济很早，为什么仍然能够长治久安地维持体制的正常运作？马克思主义早就说资本主义体系是要瓦解崩溃的，但是二战以后资本主义体制出现了改革，建立了福利国家的体制，就是通过收入再分配的机制来缓和收入不平衡。今天要么不搞市场经济，要搞市场经济必然要考虑如何社会保障，这是两个相互匹配的问题，在这方面社会机制建设要做很大的努力。

另一方面，我们在教育、医疗、住房这些方面问题也很大，有些老百姓通俗地把它们称为新“三座大山”，压在老百姓身上，沉重得喘不过气来。有一项调查显示，老百姓觉得对家庭负担最大的是对子女的教育，这方面的花费很大。还有现在大家经常讨论的住房和房价问题，买不起房的问题。在医疗方面2005年出台了一个报告，宣称我们的医疗改革基本是失败了，改革的结果就是老百姓看不起病，并且有一系列的数据支撑。比方说20世纪90年代中期的医改之后，老百姓看医生的次数在降低，住院的日期在缩短，但是每次看医生的费用在增长，每次住院的花费在加大等等。这就表明教育、医疗、住房这些问题都是目前存在的、关系到人们切身利益的重大民生问题。

除此之外，报刊上和各种媒体上关于农民工的讨论也很热烈，农民工群体已经成为社会媒体的焦点关注群体。农民工问题也是一个十分尖锐的社会问题。还有食品安全、环境污染种种问题都表明，我们在民生建设方面有很多的工作要做。我们讨论社会发展和社会生活状况的时候，不管是有意还是无意，我们的视野自然就会走到这些民生问题上去。这表明在社会生活中这些问题十分尖锐，无论是从事社会学、政治学的研究，还是从事经济学和其他社会领域研究的专家都在共同关注如何解决这些问题。

5. 新形势下的社会质量问题。

民生问题反映的是现实的状况，反映我们今天面临怎样的问题。另一方面，如果我们着眼于社会，我们也将讨论到社会质量、社会发展战略这些问题。当我们的视野从老百姓的生活移向整个社会发展的时候，我们就会看到，改革开放三十多年的发展是一个不断上台阶的过程，是从温饱阶段走向小康阶段、走向全面小康甚至到中等发展水平的阶段。在改革开放初期，我们设立的目标是很低的，就是解决人们基本的温饱问题；随后邓小平时代提出了追求小康社会，人均达到800美元的目标；后来又提到800美元翻两番的目标。但是到了今天，我们的思考已经超越了这个阶段。现在我们的人均GDP已经达到了3600多美元。在珠江三角洲和长江三角洲，当人均产值达到5000～6000美元的程度，我们该讨论什么问题？该思考什么问题？这个时候我们追求的目标，所面临的问题跟翻两番时候是不一样的。现在各地都在做“十二五”规划，浙江也在做，浙江省政府提出的课题就是要研究在人均GDP达到6000美元阶梯上又设立怎样的目标，下一个“五年规划”要怎么定位。

广州人均GDP也接近6000美元，这是2009年的数据，所以珠江三角洲和长江三角洲要考虑的问题，已经大大超越了在经济上要超越翻一番、翻两番的阶段。作为这种发展战略的反映，现在考虑的不是温饱问题，也不能再追求全面小康阶段怎么样促使经济发展、走到国际经济体的前列。我们要考虑得更加长远，要走向全面小康甚至到达到中等发展水平社会，看看这些中等发展水平的社会在民生建设上、在社会制度的建设上有哪些经验，它不仅仅是单纯地在早期阶段思考得如何促进经济发展。有人说我们在早期是全面追求经济发展、是暴发户的心态，现在这个时候我们要考虑质量，而不是速度问题，包括生活质量、社会质量，所以下一步社会发展要考虑追求什么目标了。虽然我们经济数量已经上去了，但社会质量和生活质量与发达国家的水平还是有距离的，要比照发达国家现在的生活质量来考虑我们的发展，要在社会生活、社会制度、社会设计方面来追求社会的质量。

6. 考察社会质量，着重看“软环境”。

通过前面的讨论我们已经看到，中国社会和经济发展态势很好，但是有些地方的经济发展已经走到了很高的层次，而有的地方发展水平还处在十分初级的阶段。同时，在社会生活方面我们也有方方面面的问题，包括社会保障、物价、环境以及就业的问题。如何评估目前的发展态势、所处的阶段、社会质量和生活质量，这是一个基本问题。在这方面就要涉及社会质量指标。我们对于社会发展的评估有种种的评估指标体系，包括联合国经常使用的“人文发展指数”体系、“可持续发展指标”体系，这些主要都是反映一些经济指标。在中国也有各种指标，如“城市和谐发展指数”指标、“城市发展社区指标”体系等等。对于个人的生活质量，也有各种指标，比方说零点调查公司就有针对中国居民生活质量调查而发表的《2005年中国居民生活质量指数研究报告》，在国际上还有“全球生活质量指数”，在中国还有“中国公民人文素质发展指数”体系。

种种调查分析都反映中国的生活质量和经济发展速度在这几年很快。但如果我们借用这些相应的指标来衡量我们的社会质量，那就会有问题。如果采用经济发展的指标来衡量社会质量指标，人们就会问：经济发展是不是总会带来积极的社会成果？也就是高速的GDP和人均产值的增长是否就意味着有很高的社会

质量和社会质量的增进？这里面有很大的问题。事实上，如果我们不发展相应的社会政策或者进行社会建设的努力，经济发展越快，所造成的问题会越多，社会质量不是增进反而是下降。因此光靠经济指标来反映GDP，就不能够很好地反映社会质量的客观状况。

另一方面，我们在这些考察中经常也会使用一些物质性的指标。不仅仅有经济发展指数，同时我们也会考虑到人均的医生数、图书馆数量、人均床位等等，这也是反映社会发展方面的指标。但这些客观的指标还要结合人们对生活的感受。2011年我们也展开了许多关于幸福感的调查，就是这方面的反映。但仅仅这样还是不够的，我们社会的发展不仅仅是一个硬件环境的改善问题，更重要的是社会软环境的改善问题。人的生存怎么样，公共服务机构的态度怎么样，办一个事容不容易，这些都是社会的“软环境”。就像我们的电脑，既强调硬件同时也要强调软件的配套。比方说人和人之间是不是相互信任，社会组织之间是不是能够和谐。这些软环境因素都是社会发展的环境条件，但在目前的社会指标中很难反映出来。

另外，我们也有很多研究是关于生活质量的调查，但是个人生活质量的提高和改善是不是就等于是社会质量的提高和改善呢？同时，我们要考虑社会发展的价值目的是不是就为了人们的生活改善，还是有更宏观、更长远的追求目标呢？整个社会发展追求的目标是什么？这些问题都是生活质量指标不能够反映出来的。这样我们就讲到两个方面的问题，第一个问题是这些指标体系怎样反映社会发展的软环境问题；第二个问题是我们讨论的生活质量问题，怎么样反映社会质量。

软环境问题给人们带来的生活影响和社会发展影响是很深远的，在我们日常生活中是能够感受到的。在欧洲具有较高生活质量的社会，人生活在那里就不用担心吃到有毒大米、毒粉丝，这就意味着生活质量；也不用担心在一个陌生的城市半夜两点乘地铁回家有安全问题。可以看出，软环境需要一系列的社会体系进行配套。同时，光强调生活质量够不够？还要有社会体系的配套、社会建设的努力，这样才能够影响、确保、增进人们的生活质量。网上有人讲在中国快速经济发展的今天无论是谁都生活得很累，都在打拼。为什么打拼？目标各不一样，有的为生存在打拼，有的为医疗、住房、教育在打拼，所以生活质量就不高。在全球195个国家的排名中，中国的生活质量处在116位。我们今天已经是“大国崛起”了，但是如果考察一下生活质量，它的情况还是不尽如人意的。

7. 社会质量理论的形成。

通过前面的介绍，我们自然而然就会考虑到一个问题，社会质量如何评估？从什么角度进行评估？它有什么意义？社会质量的价值目标是追求社会和谐，一个社会发展的状况不仅仅看硬性指标，更重要的要看软环境，而在这个软环境的发展中一个最核心的内容就是社会和谐和社会凝聚。社会质量追求的是考察各个社会的和谐状况、公正状况、福利状况，从而来考察总体的发展态势。通过社会和谐、社会公正目标的追求，能够使人们有基本的生活保障，能过上有尊严的生活。现在政府也在倡导要使大家过上有尊严的生活，而且要使大家在这个社会中生活得心情舒畅，能够十分情愿地投入到他喜欢的和对社会有益的事业上去。无论在这个社会哪个领域，人们都能够心情舒畅地积极投入。这就是社会质量的理论所倡导的东西。它不是追求多少的GDP、追求有房子、追求好的交通环境和比较少的污染，这些都是具体的目标，但是在这些目标之后我们要追求一个大的社会目标，就是高度的社会质量。

社会质量理论是国际社会科学中的一个最新的理论，到现在也就十年左右的时间。十年对一个理论的成长是一个很短的时间。1997年6月，1000多位欧洲社会科学家在欧盟阿姆斯特丹大会上签署“欧洲社会质量宣言”，即《阿姆斯特丹社会质量宣言》，它思考的问题是在全球化的压力下欧洲将会走向什么方向，这是一个大问题，在这个大背景中提出了社会质量学说。欧洲所要走的不是美国的道路——追求市场经济的运作，而是要追求“社会的”欧洲。正如“宣言”所描述的，在“社会的”欧洲没有乞丐，人能够具有尊严，具有很高度的社会质量和社会保障。欧洲人常说，他们和美国比的时候不去比经济，而是比社会的质量，就是人生活的尊严，这个是欧洲社会的长处。

回到今天的中国，我们也是在思考这个问题：在人均GDP达到6000美元之后，我们要考虑下一步的发展、我们的前景在哪里。以前我们的目标是翻两番，很明确，但今天我们的目标是什么？今天我们提出了建设和谐社会的目标，跟欧洲当时的考虑、理念、追求目标有直接的联系，所以我觉得它具有现实意义。

8. 社会质量指标体系。

社会质量由四个维度进行考察：

第一个是社会经济保障。要有高度的社会质量，至少人们在社会中有基本的生活保障，人在社会中能够生存，这是最基本的。不仅仅是生存，还有更好的生活环境。

第二个是社会凝聚，也就是社会团结。一个社会是好的，必须有高度的凝聚力，如果大家互不信任，这个社会就不会有好的质量。

第三个是社会包容，如果一个社会有很多人群是处在主流圈之外、被社会排斥，也不会有很高的社会质量。因为非主流的人群的利益和权利得不到保护，而且他们也会以各种方式反叛，对主流社会形成压力。

第四个是社会赋权，也就是社会参与。一个好的社会要让大家心情舒畅，能够积极地贡献于社会。如果大家都是很被动的，不愿意参与，各顾各的，这样社会质量就不会高。

这里有一个关于社会质量的分析维度图，分了四个象限，第一象限是社会经济保障，包括收入、住房、医疗、就业方面所提供的保障，这就是怎么样给人们提供物质生活的保障。因为要追求更好的生活是个人自己的责任，但是作为社会的责任得给人们提供基本的保障。第二个象限是关于社会凝聚和社会团结方面的问题，涉及社会信任、价值冲突和利益争斗。也就是社会中人与人之间、机构与机构之间、社会组织与社会组织之间能不能进行社会协调。如果最后导致社会阶级、社会集团进行斗争，那样也不是和谐的社会。我们今天倡导人与人之间和谐、社会组织与社会组织和谐，要通过各种社会政治和制度设计来推进。第三个象限是社会融合，就是要让所有的民众都能够参与到社会体系中，就要给人们的参与提供各种各样的条件。比方说教育，不能使有些人上不起学，要让他们能够参与到公共教育体系中来。还有社会网络，不能把一些群体排斥在外。第四个象限就是社会赋权。社会参与不是一句空话，要给它提供相应的知识、相应的信息、相应的渠道、相应的组织等各个方面。社会质量就是从这四个方面来衡量是高还是低，在各个方面都有许多指标，但是这些指标都是具体的、次要的，重要的是要反映社会总的状况。我们可以看到社会质量所考察的各方面因素都是社会的软环境因素，特别是这个社会的凝聚力。

二、从社会质量分析看中国社会面临的问题

刚才我们讲到中国面临许多的社会问题，有房价问题，有教育问题，面临的问题方方面面。从社会质量的视角能不能提供给人们一个比较综合的视野，能不能提供一个比较综合性的表述？我们就根据社会质量的四个维度来考察一下。

1. 社会经济保障（衡量“社会质量”的物质基础）。

首先在第一个维度上是生活经济条件的保障。这方面的因素反映了社会质量的物质基础。这方面的考察不是考察GDP和人均收入、产值，而是关注老百姓生活在社会中基本生活能不能得到保障。在近十年来特别是1999年以来，中国加快了新型社会保障体系建设，我们在十年之前处于一个转型阶段，从老的社会保障体系转型到新型的社会保障体系，现在则逐渐形成了这个新型的

体系。在这个体系中，我们进行了许多制度创新，有些制度创新具有深远意义。

（1）制度的创新。

第一是在各个领域进行扩面，即扩大社会保障体系的覆盖面，使其成为一项覆盖全民的基本社会制度。最初社会保障体系只是覆盖了国有企业、集体企业的职工以及政府机关工作者；后来扩大到城市私营企业的职工、自营业主；再后来把农民工也包括进来了。现在要求企业只要签订了合同，就得缴纳“三金”，因为农民工也签工作合同，所以也覆盖进去了。目前则希望进一步把广大的农村居民也包括进来。西方福利国家对全体居民提供保障，而中国有一个很大的问题就是城乡二元化，我们的保障只保障城市居民，农村居民是另外一个体系。以前是基于集体福利的保障体系，在新的社会保障体系中，这个体制的意图就是要扩面，把大家都包括进去。

第二个制度创新就是城镇居民低保制度的建设，并要把低保制度推向农村，这个意义很大。因为这个潜台词就是说，保障全体公民福利的责任是国家，这是国家的一种责任。虽然国家对于反贫困和社会救助的工作一直在做，但是这个理念是不一样的。反贫困、救助都是帮助处于贫困中需要帮助的人，而低保政策的制定和制度的建立无形中培育了一种公民福利权利，只要低于这个收入程度，就有权向政府申请相应的低保金。有了这个起点以后，相信在3～5年后，福利权利这个观念就会逐渐成长起来。以前人们不知道什么是福利权利，认为那是西方的，但是今天我们看到这个观念已经在滋长，而且在不断地扩展，十年以后这个权利就会成为一个流行。所以有的时候不要把东方和西方的观念对立起来，当市场经济发展走到这一步的时候，我们就要考虑到这一步的问题和相应的理念和观点。

第三是建设农村社保（包括农村新型养老保险、新型合作医疗、农村低保）。这两年来国家在这方面加大力度，做了很多工作。以前推不动是因为缺乏投入，当公共投入加大以后，新型农保就推进很快。当然，这些方面我们有进展，但也有很多的问题。

（2）目前面临的矛盾和问题。

第一，一个最基本的问题是这些制度创新大多是在最近这一两年中制定下来的，要到它能够见效还有一个过程。所以我们现在看看数字很漂亮，比如说新型农保一下子覆盖面达到了90%，但它真正对于保障人们的生活有多大的实效？起到多少的作用？这个还有待观察。城市医保体系也是公共投入，制定了很多政策，但是政策的实效还有待观察。我们看到这些数字很乐观，动不动就是90%，但是它的实效怎么样？政策在一两年内从无到有、到一下子就是90%，速度很快，但是现实的生活的变化要有这么快是不可能的，所以这是一个基本的问题。

第二个问题是中央政府的推进和地方政府执行态度的矛盾。因为政策都是中央政府在制定，但是地方政府的执行有一个过程，而且有的地方态度不是很积极，因为各地的情况是有差异的。以住房政策为例，房地产领域已经成为社会关注的焦点。人们经常抱怨公共住房发展得太慢，特别是经济适用房和公共廉租房问题推进速度很慢。之所以这么慢，当然有公共投入的问题，但更重要的是地方政府的态度和推进的力度。现在地方政府的财力根本不是问题，但是它愿意花多大的财力投入到建设公共住房，这方面是有很多问题的。中央三令五申要求地方政府去发展社会住房和社会建设，地方政府要应对也是很容易的。比方说公共廉租房问题，在2006年全国只有十多个城市宣称建设了公共廉租房体系，后来中央政府要求各地要建立廉租房体系，结果一年多的时间内各地都宣称建立了廉租房体系。其实哪怕是搞一个区、搞一幢楼也可以说是建立了，这个是很相对的。但到底有多少实效来解决当地居民的实际问题，保障无房户的居住，这是一个实际的问题。中央一系列的惠民政策和社保政策不断地制定和出台，但在执行上各个地方还是有差异。

第三个问题是社会各阶层收入差距很大，相对贫困日益严重。我们经常会引用基尼指数（经济学家们通常用基尼指数来表现一个国家和地区的财富分配状况。这个指数在零和一之间，数值越低，表明财富在社会成员之间的分配越均匀；反之亦然）的概念。根据世界银行2006年的数据，世界各国基尼指数高于中国的只有29个，其中27个是拉丁美洲和非洲国家，这就表明我们收入不公平是很严重的问题。我们比美国要高，可我们还经常说美国是收入不公平的国家。

第四个问题是劳动者收入跟不上经济发展的速度。世界各国最低工资和平均工资的比例，中国的情况排最后，中国最低工资的标准是很低的。各国工资在人均GDP的比重，中国的水平也是最低的。人们不禁要问，中国经济发展这么好，挣的这些钱都到哪去了？都被谁拿去了？特别是为经济发展作出贡献的劳动者到底收益了多少？在很多地方最低工资就成了标准工资，农民工签合同就按最低工资设立工资标准。这种工资标准的设立无形中就拉低了劳动者总体的收入水平。有报道称，中国提高了最低工资水平，这是进步，同时这也意味着我们已经意识到这个问题的严重性。我们搞社会政策的人经常在问，中国GDP这么高的增长，以前是13%，现在也是10%左右，好处被谁拿去了？这是很严重的问题。一方面这些增长不断地培养、产生亿万元户，但是另一方面也产生了相对贫困的人群，尽管他们的工资也有所提高，但是整个的物价和生活水平上去了，他们的生活质量实际上在下降。

2. 社会凝聚和社会团结（衡量“社会质量”的价值基础）。

按照社会质量的考察，我们要衡量社会团结、社会凝聚这方面的问题。一个具有高度社会质量的社会，必须要具有高度的社会凝聚力和高度的信任，这是社会质量高的价值基础。在这方面我们存在的问题应该说是比较严重的，比收入保障方面的问题更严重，因为那方面政府已经行动起来。

（1）社会信任的缺失。

举一个典型的例子，前不久，媒体上聚焦青岛的毒韭菜事件，再早一点是地沟油事件，如果时间再回推些事情更多，三鹿奶粉事件、“大头娃奶粉”事件、瘦肉精、增红剂一系列的事情。我们今天真是搞不清楚端上我们餐桌上的到底是什么，这是直接关系到我们的健康问题。有人说这是政府的监管不力的问题，但是在这些问题的背后是社会道德的问题。如果这个问题不解决，以后在各个方面都会表现出来。哪怕是监管再有力，这个地方监管住了，又会在其他的地方爆发出来，所以社会诚信建设是根本。

不仅仅是社会的诚信有问题，在人际诚信方面的问题也很大。中国传统文化中有一个特点，就是相信圈内人。如果是朋友、亲戚就信任，交心交肺把所有的东西都给你；但是在圈子外的就不是很信任。市场经济发展到今天，这个情况甚至更糟了，对圈子内的人也开始不信任，甚至做生意还出现了“杀熟”现象。

社会公共道德情况也很不乐观。在南京发生了“彭宇案”，老人摔倒了青年人去扶他，并且把他送到医院里去，然后这个老人就说你别走，是因为你推了我所以我摔倒了，结果要求这个人赔偿。这个案子经过媒体传播，在当地引起了很大的反响，而且这个案子一年之后又发生了同样的事情，所以今天搞到大家看到有人摔倒了也不敢去扶。而最近媒体又报道了类似的情况，老人摔倒了就喊“是我自己摔倒的，请来扶我一把”。这个事情就表明有人想做好事都不敢做了，这就说明了社会的价值体系出了问题，社会的团结精神也出现了问题。

（2）目前的社会价值观念体系。

我们的价值体系出现了这么大的问题，跟市场经济发展有关，同时也跟价值导向有关。我们想建立一个什么样的社会，未来大家应该建立什么样的社会，是社会质量研究所要考虑的问题。在这方面，我们的价值观体系目前可以观察到三个主要的因素包含其中：

一是反映市场经济体系的价值观念。这跟经济建设的变化相关。现在的经济基础是社会主义市场经济体系。市场经济可以催生一系列的观念，有积极的也有消极的。积极的观念有科学理念、理性理念、法制理念，这是市场经济的要求。搞市场经济要有技术创新和产品，这就要求有科学；做市场经济要有市场预期、理性分析和理性决策，这就需要理性；做生意的过程中有纠纷要通过法律的渠道来解决，这就要有法制的观念。这些是积极的。但同时市场经济也会伴随一些消极的因素，比如以个人为本位、追求私利、强调竞争、机会主义的原则和追求短期效应、损人利己甚至越过道德底线，这些方面是市场经济的消极因素。不幸的是，市场经济积极的价值观似乎没有消极价值观的影响这么大。

第二个方面就是现在的文化主流因素中，有一些世俗化甚至低俗化的因素比较流行。这是因为大众文化的影响力在不断增大，一些媒体为了吸引眼球、提高收视率、争取广告效益，迎合民众的欣赏趣味，就跟着民众的世俗生活走，而不是去引领民众的观念和理念。中国的传统文化中就有风、雅、颂的传统。风是民风，民风是反映大众文化和反映民生的；雅有点相当于贵族文化的精神，追求的是高雅；颂是对天地、王权、威权的敬畏和歌颂。今天的社会我们缺乏贵族文化，大众文化十分流行。这表明我们在文化建设中所存在的问题。文化成了一种产业和大众消费的产品，而在另外一些层面上文化发展还有一些缺失。

第三个方面是“新生代”的观念。我们经常讲“快男”、“超女”现象，80后、90后的文化现象，用学术来反映就是后现代社会和后工业社会的现象，我们在现实生活中就可以观察到。这些观念到底是好还是不好，到底是有积极意义还是有消极意义，现在我们还很难评价，因为它是新的观念，还有待观察。但毫无疑问，这些观念已经成为我们文化中重要的因素，并且会影响到文化的下一步发展，不管愿不愿意，它肯定会起作用的。但这个体系中唯独缺乏的就是能够引导社会向上走的价值因素，那些能够促进社会团结和把全体的民众引导到一定社会追求目标的因素。这是社会质量理论所要倡导和提升的工作和努力。

3. 社会融合和社会排斥（衡量“社会质量”的社会结构特征）。

在一个具有高质量的社会中，要把全体的民众包容进来，而让一些群体待在社会之外、发生滞留，那是不行的，被排斥的群体会造成很多问题。中国古代社会的理想是追求大同社会，《礼记·大同篇》中有这样的表述：“大道之行也，天下为公。选贤与能，讲信修睦。故人不独亲其亲，不独子其子，使老有所终，壮有所用，幼有所长，矜、寡、孤、独、废疾者皆有所养；男有分，女有归。”我们经常讨论的被社会排斥的群体有失业群体、孤老病残群体、农民工群体、问题青少年、吸毒群体。

在国有企业改革的时候产生了城镇失业群体。在农村也有一大批失地农民，这些人处在一种“务农无地、上班无岗、低保无份”的状态下，所以他们和城市失业工人所处的情况相似。一个人工作和不工作，其生活方式、观念以及社会网络是很不同的。如果有工作，尽管工资很低，他的想法和社会地位跟没有工作的人是不一样的。如果没有工作，他很可能就自我封闭起来，不愿意跟社会接触，而且他们自己会形成一个阶层、圈子，自认为是社会的底层和边缘群体。如果我们不对这些群体进行工作，他们就会很容易成为被社会排斥的群体，他们积极地跟主流社会接触和交流的意愿就会削弱。另外就是孤老病残群体，特别是城市中的贫困老人、无人照顾的低保户，也很可能会成为被社会遗弃的群体。

农民工群体是媒体和社会科学研究关注比较多的。这个群体是一个比较大的群体，往往容易成为被社会排斥的群体。因为他们离开了农村社会，很多时候又不能进入城市社会，就变成了边缘群体，两个社会都不接受他们，所以容易成为被社会排斥的群体。这个群体的问题绝不是一个小的社会问题，而是关系中国发展前景的问题。2008年中国城市化率已经达到45%以上，按照预测，再过5年会达到50%，也就是说，中国全体民众中有一半的人会住到城市里来。在这个情况下很多人都是农民工移民进入城市，他们怎么样能够融入到当地的社区中，怎么样安顿、安稳下来，怎么样解决他们的社会需求，是一个大的问题，不能够使他们成为被社会排斥的群体。

还有问题青少年、吸毒者和艾滋病群体，他们往往处在主流社会之外，成为一个地下群体。如果我们不去关注他们，也将会形成严重的社会问题，造成社会犯罪方面的问题。在此，我们相应的社会措施、社会政策还不够，连最起码的对他们的关注还不够。

4. 社会赋权与社会参与（衡量“社会质量”的制度特征）。

第四个衡量社会质量的维度是大众参与，一个具有高度社会质量的社会，必须能让全体民众有表达他们利益的渠道，具有参与社会生活的主动性和积极性，能实现其发展的愿望和实现自我价值。中国是一个具有很强的威权背景的社会，在东亚许多国家都有这样的背景。这样，在大众参与方面，会形成几个比较消极的影响。一个是反映意见的制度性渠道并不多，而且有时候并不畅通。由于通过制度性的渠道不能反映，这就会导致大量的信访和发生群众性事件，政府就要用危机处理来应对这些问题，现在政府已经高度关注到危机处理和群众事件问题。这就表明反映意见的渠道不畅通，如果畅通就不会有这么多的问题出来，从而造成社会问题。

另一方面，反映意见的非制度性的渠道也有限并时常受到限制。发展民间组织、非政府组织也是各种反映民众呼声和民众意见的渠道，但是中国民间组织的发展现在十分有限。比方说基金会，直到两年前其数量几乎没有多大的变化，除了福利组织的数量有比较大的增长以外，民间组织的数量从1993年到2005年几乎维持在同等水平，当然也有上下波动。所以说我们在社会参与、社会赋权方面要给老百姓更多的机会来反映他们的意见，给他们更多的渠道使他们能够反映他们的呼声。

三、发展社会政策、增进社会质量

通过前面四个维度的观察可以看到，在这些方面都存在着问题，同时也做了一些工作，特别是社会经济保障方面的工作。要增进社会质量，我们要针对四个方面制定相应的社会政策，来促进社会质量的提高。

1. 在社会经济保障方面，可以借鉴欧洲社会建设的经验，通过社会政策的制定，来强化社会再分配效应，缩小收入差距。

近年来我们已经在社会保障方面制定了许多措施，而且这些制度建设都是最近两三年中推出的，但是在保障民生政策实效方面，还要等待一段时间。目前老百姓在这些方面的抱怨仍然很多，网上曾传过2010年十大梦想，都是反映老百姓在工资、住房、就业、社保、医疗、教育等方面的很多梦想。之所以梦想、意愿这么强烈，就表示对现实生活太不满意了。所以怎么样使老百姓能够在这些方面都有一个基本的保障，那是政府所要追求的，也是整个社会所要追求的，通过社会政策的制定努力达到目标。

在这方面我们可以明显看到，这几年政府的公共投入，使社保和全国民生问题的解决上了一个档次和台阶。社会政策的制定20世纪90年代以来一直在做，也出台了各种政策，但为什么这些问题今天仍然这么严重？原因很多，其中一个很重要的因素就是这些政策在前十年是缺乏公共投入的。这些年国家的财政好转、国民经济和国力也雄厚了，我们已经把越来越多的公共投入放到了民生和社保上面。结果就是我们扩展了国家福利体系，这种扩展是必要的，它是在保障公民的基本社会福利权利方面所要进行的必要的社会投资。以前我们批评西方的国家福利，说国家保障体制行不通，但这并不是说政府在保障公民基本的生活条件方面可以不负责任，或者把这个责任交给民间。从中国的经验来看，这三到五年里民生问题、社保问题之所以能够上一个台阶，就是公共投入在推进、公共财政在推进，没有这个，其他都是空话。我们可以明显看到，扩展国家福利将会是我们在未来的5～10年中一个明显的发展方向。不管对西方高福利国家有什么样的批评，但是这个基本的发展方向目前已经是很明确了。在下一步增进社会质量的经济保障方面，扩展国家福利体系，推进以民生为导向的社会政策发展，是一个基本方向。

2. 在社会凝聚和社会团结方面，社会政策的制定和运作也具有十分明显的意识形态功能。

在一些高福利的国家中往往具有很强的社会认同感、公民意识和社会团结精神；而在低福利国家中，民众对国家的归属感比较弱，公民意识也是比较弱的。现在社会缺乏的是一种社会共识，缺乏的是一种引领社会走向新目标的价值、理念和愿景。为此，我们在下一步的努力中需要培育这样一种社会共识，给大家提供社会的愿景，而且要增进公民权、福利权力这些意识。因为国家对民众负责，民众才会对国家有回应和责任心、对国家有认同感，这是相互的，公民意识的培育是跟福利体系相应的。我们观察到一种很好的进展就是，这几年随着社会政策的发展，公民意识、福利权利的意识正在成长和增进，这就在未来的价值体系和文化体系的建设中形成了一种新因素。前面我们讲到三类因素，但唯独缺乏一种社会共识的因素。这里我们看到第四类因素正在出现，培育公民权、社会公正、社会公平、以民生为导向、建设和谐社会这样一系列的理念。当这些理念能够渗透到大众文化、大众传媒中之后，它将会成为一种很有力的力量来提高和引领社会的凝聚力。

举一个例子，玉树地震、汶川地震后政府都在推进人文关爱精神，也捐款、搞慈善，这就是在培养一种精神，培养一种社会公益、公德意识以及全民的团结精神。我记得十年以前在芬兰的时候，当时有一艘爱沙尼亚的轮船沉海了，芬兰就下半旗表示悼念。虽然说爱沙尼亚和芬兰是兄弟关系，但是这也表现了一种人道精神。汶川地震、玉树地震之后我国也有了这种活动，同样也在培育社会公益和公德意识，尽管是晚了十年，但表明我们在精神和道德上有很多创新，正在向这方面走。这种公益精神和道德精神，将是推进文化建设的重要力量。

当然，目前的一些状况也很不乐观，比如有些人在追求利益，在比富；有些人在官场上以强凌弱，觉得在地位比自己低的人面前就应该张扬一点，这已经成为了一种正常的现象，如果不这样就好像与地位不相称。这种现象跟我们刚才说的人文精神、公益精神、公德精神形成截然的对比，这就需要我们在这方面做很大的努力。

3. 就社会融合和社会排斥方面，中国市场化和城市化的发展将加速破除城乡二元结构，社会政策的发展也将在社会保障、就业、医疗、教育、户籍等方面改造社会体制。

我们在社会政策方面要通过发展公共服务来解决社会融合和社会排斥的问题。近几年来通过对农民工的关注，政府制定了许多社会政策，比如让农民工的子女可以进入到当地的学校就学等方面的政策，这些政策就是很好的进步，不要让这些群体处在社会主流之外，要把他们拉进来。因为这个群体往往是社会的边缘群体，如何为他们提供公共服务，使主流社会跟这些群体能够沟通、互动，能够把他们包容进来，就是社会政策所要关注的问题。这一两年中政府的意识提高得很快，倡导公共服务均等化，不但对城市居民，对农村居民也要提高公共服务，现在提高公共服务已经成为各级政府的关注点。这些公共服务发展的提供，对于解决边缘群体、弱势群体的问题具有关键和核心的意义。因为这些群体有意地规避到主流社会之外，所以我们要通过这个服务体系跟他们保持接触、触动他们。比如对艾滋病群体提供服务，这既是对他们的服务，同时也是对他们进行的控制，因为服务和控制是同一个过程。通过服务就可以缓解这些边缘群体所造成的社会问题。如果不关心他们，他们就会影响主流社会的生活，所以这些工作不仅仅是针对边缘群体的生活，也是针对主流社会群体的生活。

4. 社会政策实践对于社会赋权和促进社会参与的意义。

最后，在社会参与和社会赋权方面，我们要设立更多的渠道，要进行制度建设的工作，给民众提供更多的参与机会和决策民主机制。我们这代人已经经历了好几个时期，所做的工作都是制度建设。改革开放时期，我们所做的是怎么样操作市场经济体系，怎么样建立跟市场经济相适应的制度；到90年代则是怎么样应对市场经济的发展，怎么样保障这个体系的运作并形成社会保障体系。这两个体系是平行的，是相互制约的，所以从90年代中期到2005年、2006年，我们逐渐建立了社会保障新的体系，也是在制度建设。到今天我们也是在进行制度建设：要怎么样构建一种新的、关注民生的社会建设制度结构。在社会建设方面有很多的制度建设领域还是空白。有些问题是新出现的，过去不可能制定相应的制度，到了今天，问题提出来了，我们要针对这些问题来设立和制定政策。作为结果，这些制度建设将会影响到下一代人的生活，因为我们现在做的制度建设，下一代就生活在我们现在建设的这些制度之中，所以我们现在进行的制度建设状况，就决定了下一代人生活在怎样的环境之中。我们要提供一种愿景，即希望为下一代人提供一种怎么样的制度框架和体系，现在我们就要拷问人们的生活质量和社会质量，要确保让他们在更好的社会中过上更好的生活。

链接

提问：我提两个问题，一个就是社会保障的问题，奥巴马搞医改是劫富济贫，我们中国是反过来的，是劫贫济富的。有两个方面深有感受，个人所得税是工薪阶层的税，而高收入者则可以把他们的所得税打入企业的运营成本，真正缴纳所得税是工薪阶层，我觉得两边都不讨好。社保是低保障的，打工者的收入是一两千块，但要缴纳100～200多块钱的社保。在珠江三角洲很多人都是这样做的。我想请问林教授，这种情况什么时候可以改善？关键的问题是意见反映的渠道，美国的工会可以把通用汽车打倒，但我们的工会做了什么？我们什么时候可以有这样一个组织发挥作用？

林卡：这实际是三个方面的问题：第一个，税和费都是工薪阶层在缴，有钱人其实缴得很少；第二个，有保障的人更有保障，没有保障的更没有保障；第三个，公民社会协调发展的问题。

第一个问题，工薪阶层缴得多，高收入阶层缴得少，跟我们的税种发展多样性相关。在社会保障领域，如果就社会保险来说，所有的上班的，有劳动合同的都要缴，税和费进入社会保障基金里面去。至于富人则要交各种税，比方说房地产税，或者各种由财富引起的税，富人会通过那种方式来缴纳。现在还有一种税在讨论，已经讨论了一些年头了，是社会保障税，但直到今天还没有执行。你所看到的只有工薪阶层缴纳主要是针对社会保险项目的。

第二个问题，老百姓中许多职工他不愿意参保，因为他本身工资低，结果造成了他们处在社会保障体系之外。在此有两个方面，一个方面表明中国老的社保体系是以社会保险作为支柱的，所以社会保障有的人又把他等同于养老保险、医疗保险、社会保险等等。这样就是说，其他的以公共财政进行的社会保障的提供就比较少。人们因此就认为，保障是国家的责任，凭什么国家不负责任，却要我们缴钱，所以不愿意参加。随着这几年新的保障政策出台，这种抱怨会弱化，因为国家政策会逐渐承担起这种福利责任。第二个方面的回答就是，有这种想法的人认为社会保障应该作为社会公共责任、公益责任。这种意识至少在一定群体中还不是很明显、很流行。人们只是以保障自己的生活来理解社保缴纳。从社会再分配的角度来说，社会保障是全社会的事，参保是社会的责任来进行再分配，这种理解较少。

第三个方面，如果出现这种情况，即该保障的人不缴费或者不愿缴费，就出现社会保障体系只保障一部分人，使那些越有保障的人越有保障，越是没有保障的人就越没有保障。所以这个体系只覆盖个别群体，而需要保障的人又不愿意缴纳费用，因为成本太高，收益太少，就排斥在这个体系之外。其实在拉美国家就出现了这个情况。我们希望我们的社保体系不要成为这样的体系，我们希望大家能够参保，进入参保，这不仅是个人的保障，还提高了整个社会的保障体系。

最后一个问题，是公民社会参与的问题。公民社会的发展是个大趋势，它跟市场运作相关，市场经济的机制是培育公民社会的力量。但目前，东亚在威权主义的背景下就受到了限制。公民社会需要发展各类公民组织，但我国目前申请成立各类非政府组织很难批下来。这要在宏观层面推进公民社会的建立。目前来看有几类组织是发展比较快的。第一个是福利组织的发展比较快；第二个各种的行业行会、商会、职业群体组织发展比较快；第三个社区层面上新的楼盘组成的业主委员会发展数量比较多。我们看到非政府组织方面，在目前这几年都有发展。哪个发展领域比较快？还是福利组织。所以要真正推进中国非政府组织的发展，可采取推进福利组织的发展是一个很好的策略，它可能成为领头羊。但另一个方面他的资源也控制得很严。比如说基金会的发展，哪些基金会可以募捐，都有具体的规定，国外基金会只能来投资，但不能来募捐。资金直接关系到非政府组织的潜力和力度，民间组织资金一般规模小，到很大的时候政府就会有所限制。要推进非政府组织的发展而制定策略，资源渠道要有一个很好的设计，要妥善设计好资金的来源和明确的目的。换句话说，不能触犯威权主义的背景的红线。但其发展是一种趋向和必然，只要采取很好的策略，我觉得中国的非政府组织是可以很好地发展的。

景天魁：

底线公平与社会福利

景天魁　中国社会科学院学部委员、社会政法学部副主任，社会学研究所研究员，博士生导师。1943年生于山东蓬莱，1967年毕业于北京大学哲学系，1981年和1987年先后在中国社会科学院研究生院获得硕士、博士学位。1981—1995年，在中国社会科学院哲学所从事研究工作，1992年评为研究员，1993年任中国社会科学院社会发展研究中心主任，1995—2006年先后担任社会学所副所长、党委书记、所长，1996年评为国家级有突出贡献中青年专家。1998—2005年任中国社会学会副会长，2001—2005年任国际社会学会（IIS）副会长。为第十届、第十一届全国政协委员，国家规划专家委员会委员，中央马克思主义理论研究和建设工程首席科学家。曾在中央政治局第20次集体学习中担任讲课嘉宾。主要代表作有：《社会认识的结构和悖论》(专著)、《论社会科学基础》（论文），出版合著、专著7部，发表论文15篇，以及词条等共计约96万字，另外还审编《社会科学新方法大系》20万字。其中《社会认识的结构和悖论》被评为1990年全国社科类优秀图书。

精彩言摘

“很多人以为底线公平就是低水平的公平。其实‘底线公平’是指在福利权利上确定一致性的基础，在政府责任和市场作用之间找到一个界限。为什么要找到这样一个界限呢？因为，无论是欧盟国家，还是我们国家，所有在福利上出了问题的，就是界限没有划好。或者是政府大包大揽，完全靠财政，财政没钱就去借贷，形成了所谓的福利危急；或者完全听任于市场。”

“我们在社会福利制度里面做了这样一些制度的创新，解决了刚性和柔性的问题，这是我们在机制上的一大创新。刚性和柔性的结合体现了制度上的底线公平。基本需要方面由政府来保，这是刚性的；超过底线以上的部分，由市场、家庭、个人来承担责任，这是柔性的。政府这块基本上免费可以获得，对每一个人都体现公平。底线以上的部分由市场、家庭、个人承担。所以，既体现了一致性，也体现了差别，体现了柔性和刚性的结合。”

“经济发展和社会公平的关系，我们从底线公平上可以找到均衡点。既使社会保持活力，又使社会福利逐渐增加。鱼和熊掌是可以兼得的。当然要解决的问题还很多，很多地方要细化，要创造很多条件，包括制度上要完善，包括遇到新的问题，如何进一步解决。”

景天魁：

大家都知道，中国有一特殊情况，什么事情都不能乘以13亿，或者除以13亿。吃饭的问题很小，但是乘以13亿就很大了；中国的GDP总量很厉害，在全世界排名第二，但是一除以13亿，在全世界就得从后面数起了。在这一国情下，老百姓的幸福从哪来？中国特色的民生之路应该怎么走？古老中国怎么样进入现代福利社会？怎样找到经济发展和社会福利的均衡点？政府应该怎么办？我们个人应该怎么办？景天魁老师给出一条理论和实践路径，叫底线公平。

在《底线公平与社会福利》一文中，景老师论述了什么是底线公平，底线公平的制度结构是什么，有什么机制设置和原则，实现底线公平需要什么条件，应该注意什么问题。

我是一个要在中国建立福利社会的鼓吹者。我为什么认为中国应该并且也可以走向福利社会呢？我国13亿人，人均收入很低，我们能够像欧美国家那样建立福利社会吗？这是一个很大的疑问。但反过来讲，我们中国有13亿人，不可能没有足够的智慧来给我们找到并走出一条过好日子的道路。这点信心鼓励我，大概从1996年以来开始探索这一问题。我把我探索的过程，以及主要的一些看法给大家汇报一下。

一、底线公平理论形成的背景

任何一个理论，不论是国内外，当要触及福利问题的时候都要陷入非常困难的境地。福利这个东西，缺少了不好，但过分了也不好。那些被称作“福利国家”的，很快就陷入了福利危机。但是当他们遭遇危机之后，像撒切尔夫人、里根总统都曾试图进行改革，可改来改去，福利的基本框架都动不了，说明福利这个东西在老百姓那里有根。直到现在，虽然经过了经济危机、金融危机，欧美国家的福利基本框架都没有动过。

当我们探讨这一问题的时候，就面对着一个核心问题：一方面要提高社会福利，增加福利支出；另一方面，如何防止西方所谓的福利病，还要让社会保持相当的活力，也就是要处理好社会公平和经济发展之间的关系，就是一个鱼和熊掌能不能兼得的问题。这是所有讨论这一问题的人，面临的最大的智力上的挑战。如果光顾一头，那就可能陷入福利危机；如果搞到另外一头，那就可能陷入社会动荡。这两个东西怎么选择？怎么协调？怎么结合？

1996年，中国社会科学院叫我来主持一个名叫“中国社会保障体系研究”课题的时候，我遇到的就是这么一个问题。我们课题组经过四年时间的研究写了一本书，叫做《基础整合的社会保障体系》。在中国建设社会保障也好，建设社会福利也好，必须在基础、基本层面，面向老百姓最基本的需求来解决问题。所以，我把它总结成六个“基础”和六个“整合”：①以最低生活保障线为底线，整合多元福利；②以卫生保健为基础，整合多层次需求；③以服务保障为基础，整合资金、设施、机构、制度等多方面保障；④以就业为基础，整合多种资源；⑤以社区为基础，整合政府作用和市场作用；⑥以制度创新为基础，整合城乡统筹的社会保障。

2001年这本书出版以后，我感觉我们中国做社会保障和社会福利研究的人，还是没能回答基本的问题。就是说，在中国搞福利，核心的理念是什么？理念的基础是什么？我们到底选择什么模式？很明显，欧洲高福利、高税收的模式在中国不可行。这一点大家都很明白，不单我们看得很明白，欧洲人也看得很明白，欧洲人自己也在改革，我们不可照搬。我们的路怎么走，首先就要弄清理念的问题，社会保障问题在中国的理论基础是什么？

2002年我应邀到吉林大学演讲，讲的就是中国社会保障的理念问题。我意识到要在中国现实基础上考虑，在中国怎么实现社会公正，你就怎么实现社会福利。当时还没有形成“底线公平”这一个基本概念，但是已经触及了这个问题。经过2003年的研究，到2004年，在第36届国际社会学大会上，我的演讲主题就是“论底线公平”，正式提出了“底线公平”的概念，这个演讲的摘要此后发表在《光明日报》上。那么，为什么要提“底线公平”呢？“底线公平”这个词一开始很容易引起人们的误解。因为中国人的读音，“底”和“低”差不多，所以很多人以为底线公平就是低水平的公平。其实“底线公平”是指在福利权利上确定一致性的基础，在政府责任和市场作用之间找到一个界限。为什么要找到这样一个界限呢？因为，无论是欧盟国家，还是我们国家，所有在福利上出了问题的，就是界限没有划好。或者是政府大包大揽，完全靠财政，财政没钱就去借贷，形成了所谓的福利危急或者完全听任于市场。

譬如说农村的义务教育，在1985年以后，我们就提出来一个“人民教育人民办，办好教育为人民”。义务教育首先是中央财政不出钱了，接着，省级财政也不出钱了，最后是要乡镇财政、村级经济去出钱。20世纪80年代随着家庭承包责任制的确立，其实乡镇财政已经没有什么力量，最后义务教育是由父母出钱，义务教育已经完全谈不上义务了。这是教育方面出现的问题。根源在哪里呢？就是政府和市场的界限没有把握好。后来到了2000年左右，大家都感觉到这一问题的严重性，才改由中央和地方财政出钱。同样的问题也发生在医疗领域。看病也是这样，特别是农民，在农村合作医疗体系解体以后，看病完全要自己掏钱。再往后大家看到住房也是这样，福利分房停止了，所有人，不论穷富，都要到市场买房，结果又造成很大问题。所以福利问题第一个最大的问题，就是在社会基本问题上，政府和市场的关系到底要怎么处理？

第二个问题，就是在福利结构里面要不要分基础部分和非基础部分。第三个问题，是权利与义务的问题。1942年，英国的贝弗里奇强调“权利和义务相结合”。你必须缴费，必须劳动，然后才能获得福利。这跟我们国家传统的概念非常合拍。后来，马歇尔提出“公民权”，主张福利的获得是每个人基本的权利，无论有没有承担义务都可以获得福利权。在这种理念基础上，在欧洲国家，我们可以看到各种各样的社会景象。比如在伦敦的公园里，你会看到一个年轻人背着睡袋，在草地上睡一天，饿了到饭馆吃饭。钱是哪里来的？是福利金。在剑桥大学的商业区，每天都可以看到一些人在那里晒太阳，都是有劳动能力的人，不但他本人有福利，连他养的狗都有福利。这引出了另一个问题，在福利问题上权利和义务要不要结合？是否可以分开？在“公民权”的理念下，权利和义务是分开的，不缴费，不劳动，不对社会有任何贡献，也照样可以有获得福利的权利。当然，如果是一个残疾人、一个失去劳动能力的人，如果是一个儿童，或者是一个老人，这是完全可以的。但是，如果是一个年轻力壮、有劳动能力的人都这样做的话，那这个社会还得了吗？福利的来源在哪？

这三个基础性的问题，是研究社会福利模式问题所必须回答的。然而欧洲国家搞了那么多年的福利研究，出了那么多的理论，写了那么多的书，也没有一个大家都认可的统一的结论。我们国家搞社会福利、社会保障研究，都是属于应急性的，是考虑一些具体的问题怎么办，失业了怎么办，医疗问题怎么办。搞了多年，还是没有搞清楚社会福利的基础、理念、模式到底是什么。

二、底线公平的制度结构

我提出“底线公平”，就是想把这三个关系搞清楚。第一，在一些涉及老百姓生活的基本问题上，政府应该管什么，市场和家庭、个人应该管什么。从我们国家计划经济时期，市场经济时期，到八九十年代的情况来看，我提出三件事，这三件事是政府必须承担的责任、界限。这些事情政府哪怕砸锅卖铁都要保，都必须要做，我把它叫做“权利一致性的底线福利制度”。所有的人在这几件事情上都具有一致性的权利，这就是底线公平。这是无差别的公平，底线公平还包括有差别的公平。

第一件事是最低生活保障。为什么提出最低生活保障是政府必保的呢？大家可能还记忆犹新，1998—1999期间，国有企业改革加大了力度，当时有几千万的国有企业职工下岗、失业。这些人怎么办？在那之前我们国家也有最低生活保障制度，但是最低生活保障金的来源，主要是靠地方财政，中央财政不出钱。1999年，朱镕基总理到沈阳看下岗职工情况，当时沈阳铁西区，一个老工业集中区，那里的工厂一片凋敝。朱镕基总理当时就感觉，中央财政不出钱不行了。大家想想，沈阳这样一个老工业基地，哪有钱来解决下岗职工问题？1999年中央掏了23亿解决城市低保问题。此后几年，一年翻一番，到了2001年是92亿，此后达到一百几十亿，一步步把城市低保制度完善起来。要知道，我国有几千万下岗职工，如果在欧美国家发生这样的问题，足以使几届政府倒台了，但我们国家没有发生大的社会动荡。这充分显示出这项制度对解决老百姓最基本问题的作用。从2003年开始，我又积极鼓吹要在农村也建立最低生活保障制度。当时，2003—2006年期间，很多人说我们国家农村贫困人口那么多，而低保是全部要财政出钱的，财政承担得了吗？那我们就计算，要在农村搞低保，到底怎么搞，到底需要财政出多少钱？最初我们算了一下，大概一百多亿就够了。2007年3月5日，温家宝总理在政府工作报告中宣布，要在全国农村搞最低生活保障。最低生活保障制度，经过这么一个过程终于在中国城乡普遍建立起来了。

这一制度有什么社会功能呢？正像刚才讲的城市低保发挥的作用一样，它可以极大地、明显地降低社会紧张度。就是在市场经济的情况下，收入差距不断拉大情况下，社会贫富阶层之间的关系趋于紧张，甚至可以说是极度紧张，靠什么来降低紧张度呢？主要就是靠低保制度。老百姓只要吃饱了饭，轻易不会采取过激行为的。我们中国社会福利建设中很成功的一个经验，就是以中央财政掏钱解决老百姓吃饭的问题为开端，开了以财政力量普遍地制度化地解决民生问题的先河。过去也有面向特殊群体的福利救助、福利补贴，但面向全体国民、普遍化的福利制度是从这里开始的。

第二，每一个人的基本权利中有一个和发展息息相关的权利，就是教育权。中国虽然具有高度重视教育的文化传统，但是我们的国情决定了我们教育的平均水平，人均受教育的水平在世界上并不算高。这些年，我们虽然高度强调教育公平，但我给大家举一个例子，上海小学生的生均财政投入相当于贵州省小学生的生均财政投入的三十多倍。所谓的起点公平也好，教育公平也好，其实难度是可想而知的。但是教育无论是对个人、家庭还是对社会，都是可持续发展的最重要的源泉。所以，在底线里面我们必须要满足所有人受教育的权利，特别是九年义务教育的责任，要由财政承担起来。

底线的第三个标志就是公共卫生和基本医疗。2003年“非典”的爆发，暴露出我们国家公共卫生体系太脆弱了。当时北京市郊区就像防备鬼子进村一样，每个村都设岗设哨，见到城里人就给堵回去。城市之间也是这样，我们一个同事到上海出差，一到上海就被隔离了，关在一个宾馆十几天。为什么呢？就是改革开放以后，我们国家特别是农村基层的公共卫生防疫体系，虽然不能说完全瓦解了，但也是很脆弱的，经不起那么严重的传染性疾病的威胁。因此公共卫生和基本医疗也应该成为政府责任的底线。

最低生活保障制度、义务教育、公共卫生和基本医疗就是我说的“底线公平”这个划线的界限，是政府责任和市场作用之间的界限。

那么，在这三件事情上，权利的一致性就是“底线”。超出了这三件事情，其他的一些问题，其他一些更高的要求，可以通过市场手段，可以通过社会、家庭和个人来满足，那就是底线以上的部分。在底线以上的部分，也要讲公平，只是不是无差别的公平，而是有差别的公平，有差别的公平是另外一种公平，如：多劳多得也是公平，市场竞争也得讲公平。底线公平，既包括无差别的公平，也包括有差别的公平，并不是只讲无差别的公平。这是我对社会公平做出的一种划分，划分的界线，就是前述那三件事情、三个制度为标志的“底线”。

这样是否可能解决欧洲的福利国家制度所没有解决的“福利刚性”问题？“福利”这个东西确实有一个固有的特性，只能增加，不能减少，一减少工人就罢工，老百姓就不高兴，就要闹事。欧洲国家的福利也是在慢慢增加，经济发展得好的时候要求提高福利，经济不好也要高，结果弄得每个政府都欠了一大堆债务。为什么底线公平可以解决福利刚性的问题呢？因为它解决的是最基本的事情：低保，你可以保障温饱；教育，解决了上学的问题；医疗，是看病的问题。底线公平并没有要求政府用财政手段解决所有的问题。底线以上的那些更高一些的需求，某些发展型需求，例如参加兴趣培训，看病找权威专家，以及享受性质的需求，要通过市场来解决，或者要自己付费，那就不是刚性的了，个人和家庭可以选择，可以调节，就是柔性的了。为什么我不认为养老保险是底线呢？因为养老虽然很重要，但它是很复杂的事情，养老里面有基础的部分，有非基础的部分。比如我想住很豪华的养老院，过很休闲的养老生活，譬如去旅游等等。政府如果全部都管起来那可不得了，但是养老里面也有一些政府必须管的部分，基础养老金是必须管的。老年人，只要解决了基本生活问题，解决了看病问题，其他就是可以用有差别的、柔性的机制来解决的了。所以，像养老这样复杂的、多层次的需求，最好把它看成跨底线的问题、跨底线的制度，也就是说，有底线下的部分，有底线以上的部分。这样，它本身就不宜作为划线的标志了。

我决定把低保、义务教育、公共卫生和基础医疗作为划线的地方，也是受了联合国开发与计划署（UNDP）长期所作的研

究的影响。特别是印度籍英国经济学家阿玛蒂亚·森提出的发展理论里面，以及后来每年都要出版的人类发展报告，用于衡量人类发展的指标。大家知道可以用来衡量人类发展的指标，可以说有很多很多。我们列指标的话，哪项指标不与人类发展有关呢？后来在阿玛蒂亚·森的参与下，确立了三个指标：第一是人均GDP，第二是人均受教育年限，第三个是人均预期寿命。我觉得我用来画底线的三个指标，与他们这个差不了太多，而且更符合中国的情况。

这样，我们依据底线的划分，就可以把所有的社会保障和社会福利的制度，区分为基础的部分和非基础的部分。在我们后来的实践中，基本上每项制度都是这样做的，可以说是非常成功的。

由此，我们可以得出的底线公平的制度结构是：

（1）体现权利一致性的底线福利制度，反映社会福利的底线公平理念，主要包括最低生活保障制度、公共卫生和基本医疗制度、义务教育制度和公共福利服务等。

（2）体现需要差异性的非底线福利制度，反映社会福利的效率理念，主要包括各种形式的“个人账户”制度、完全积累制度和商业保险制度等。

（3）兼顾权利一致性和差异性的跨底线福利制度，包括医疗保险制度、养老保险制度、失业保险制度，以及社会互助、社会服务制度等。

（4）按照底线公平原则确定制度的基础部分与非基础部分。

三、底线公平的机制设计

1. 刚性与柔性相结合。

例如养老保险、医疗保险，2000年以来的最初几年，我们的劳动社会保障部门，每年都提出要扩大社会保险覆盖面。因为我们国家人口数量大，养老保险、医疗保险，主要是在城市实行，而城市里面又有越来越多的农民工，有越来越多的所谓的灵活就业者、个体户等等纳入不进来。为什么纳入不进来呢？就是因为当初设计的社会保险是刚性制度，所谓的刚性制度就是要求参保者要有比较稳定的收入、稳定的工作，能够定期定额缴费。然后，社保每个月从你工资里扣多少，扣多少年，扣多少年以后，你再按照一定的比例领取你的社会保险金，这套制度针对的是以工厂制度为基础的收入制度。很显然，这套很硬的规定用到农民工身上行不通，农民工工作不稳定，收入也不稳定，你怎么扣他的呢？用到灵活就业者身上也不行。所以，我们那几年，费了牛劲来扩大覆盖面，但是每年也只是增加一千万人左右。一千万人如果拿到欧洲国家，可不是小数字。但我们国家不同，我们国家有13亿人，一年才扩1000万人，那这个制度要100年才能扩大到全民，我们哪能等得起啊，100年好几代人都过去了。

所以，从2004年开始，我就呼吁要按照底线公平原则，把基础部分和非基础部分划分开来。养老保险有基础养老金，也有个人账户，财政管每个人的基础养老金，这个钱掏得起，但是财政不管所有人的全部养老金，这个财政掏不起，也不能全部承担。底线以上的部分，就由个人账户解决，你辛勤劳动、积极缴税，积累得多，那你个人账户上钱就多，退休以后就可以享受比较好的待遇。这就既体现了公平，又照顾了差别。或者说，既包括无差别的公平，又包括有差别的公平。我们的医疗保险也是这样，也是分基础医疗和个人账户，特别是我们在制度方面，有一个不亚于当年欧洲人创造社会保险制度的创造。那么，我们在什么基础上超出了它呢？就是在强制性与自愿性相结合上。

2. 强制与自愿相结合。

当我们面临8亿农民的时候，我们怎么扩大覆盖面呢？农民缴费能力低，而福利需求极大，居住很分散，交通很不便，内部差距很大。大家都记得20世纪70年代，当时的农村合作医疗，完全是依靠人民公社制度，就是给“赤脚医生”记工分，就是依靠一根银针，一把草药，当时政府其实没掏钱，就给广大农民初步解决了缺医少药的问题。但是，后来人民公社解体了，“赤脚医生”也就解散了，农民的看病问题没着落了。所以在90年代中期的时候，中央曾经想恢复农村合作医疗，但是恢复不了。为什么恢复不了？财政不想掏钱，还是叫村、乡镇两级来出钱，你想这个事情怎么可能呢？当时乡镇有什么财力啊？村级经济基本解体了，所以，全国绝大多数地区恢复不了。在第一次农村合作医疗解体以后，在我们广大的农村，只有江苏苏州下面的一些农村，山东烟台招远县全县，还有广东肇庆高要市的几个村，我去访问的叫做大湾村，勉强、艰难维持了农村合作医疗。我非常敬佩他们，我专门去拜访了高要县大湾村的赤脚医生。为了中国农民的健康问题，在整个制度缺乏支撑，国家不给他们补贴的情况下，他们还能坚守岗位，几乎是义务奉献，这很了不起！

1990—2004年这段时间，全国关于缺医少药的问题呼声甚高，特别是广大农民看不起病的问题很严重。所以，2002年中央开始实施“新型农村合作医疗试点”。什么叫新型农村合作医疗？当时主持这项工作的副总理吴仪讲的特别透彻，她说新型合作医疗新在哪里？新在财政出钱。农民也很明白，说新型合作医疗就是政府出钱给农民看病。政府怎么出钱呢？2003年开始在全国推行新型农村合作医疗，最初的标准是每一个参保农民一年30元，中央财政出10元，地方财政出10元，农民自己出10元。但是30元的标准很低，看个感冒都不够。农民真正得大病以后，报销的比例很低。2006年，广东已经给每一个参保农民的标准提高到60元，我跑了广东的几个地方，在云浮市、肇庆市发现了一个问题，住院报销的都是富裕农民。为什么都是富裕的农民呢？我查了一下才发现，因为在筹资水平低的情况下，报销比例就低，在60块钱的水平上，住院报销的比例就只能达到30%左右，连40%都不到。大家想想，一个比较贫困的农民他住院要花几万块钱，如果合作医疗只能给他报销30%的话，大部分要他自己掏，他是出不起的。另外，要住院先得交预付款，预付款就得交一两万，贫穷的人肯定交不起。所以，得了大病，能住院治疗，能够交得起预付金，能够报销因而领到补助金的是富裕的农民。合作医疗制度本来是要解决老百姓看不起病的问题，结果穷困农民的问题没解决，政府财政出的补贴给富裕的农民拿走了，更该得到补贴的人反而得不到，看不起病的照样看不起病。这说明什么呢？说明我们必须提高合作医疗参保筹资水平，提高了这一水平，才能提高大病医疗的报销水平。所以，中央每年往

上提，2011年提高到了200元。温总理在政府工作报告中讲“我们要努力使新型合作医疗的大病住院报销比例提高到70%，让农民自己只掏30%”。这样他才能看得起病，这是一个很明显的道理。比如说，做核磁共振检查一次要两千多块，如果只能报销30%，我想大部分农民都不会做。但是，你要给他报销50%，那很多人都动心了，如果报销80%，那很多农民都愿意做。报销比例直接影响了农民的就医行为，医疗保障制度的可得性提高了。

按照底线公平理论，我们每一项制度几乎都区分了基础部分和非基础部分。在农民医疗方面，我们和欧洲的强制性保险制度的重大区别，就是我们实现了强制和自愿相结合。社会保险依靠的是大数法则，参加的人越多保险能力越强，制度的可持续性就越强。为了保障制度稳健运行，就必须对参保人实行强制，就是无论你怎么样都得交钱。如果你今天交，明天不交的话，就没法预期。交保多少钱，最后报销多少钱，两头要稳定才能计算出来。所以很多人反对在农民参保问题上可以自愿。我们最后还是从中国国情出发，坚持让农民自愿参保，你可以参保，也可以不参保，还可以分档次，云浮市搞了两个档次，这一经验很好。你可以选择高缴费的档次，报销比例就高，选择低档次，报销比例就低，让农民自己选，把自愿因素加进去了。

我们有了这一创新，在欧美福利制度上加入了我们中国特色，体现了我们中国国情，在中国行得通。我们从2003年推广新型农村合作医疗制度，用了3～4年的时间在全国就普及了。2007年开始我们又在非职工的城镇居民里推行医疗保险。2009年开始我们又在农村试点推行农民养老保险，都加进了我们中国的元素，就是强制和自愿相结合，分档次，可以选择，给你自由。这个自由不仅是参保的自由，还有一个非常重要的因素，就是培养农民对制度的适应能力。

在最初每个参保农民的筹资水平是30块钱标准的时候，有的人说“让农民出10块，算了吧，这点钱咱们让财政全出得了，不就30块嘛，财政全出了”。这是对这一制度的理解不全面。让农民出10块钱，农民就会关注这一制度，不负责任的就医和医疗行为就会减少，农民也才会关心这个钱怎么花，这一制度怎么运行。也就是说，可以提高农民的参与意识、主体意识，这是制度运行的非常必要的基础，必须培育这一基础。否则的话，不得白不得，不要白不要，这种制度实际上养不起。

我们在社会福利制度里面做了这样一些制度的创新，解决了刚性和柔性的问题，这是我们在机制上的一大创新。刚性和柔性的结合体现了制度上的底线公平。基本需要方面由政府来保，这是刚性的，超过底线以上的部分，由市场、家庭、个人来承担责任，这是柔性的。政府基本上免费可以获得，对每一个人都体现公平。底线以上的部分由市场、家庭、个人承担。所以，既体现了一致性，也体现了差别，体现了柔性和刚性的结合。我们把中国传统思维的刚柔相济理念加入到福利制度的设计里面。在这一点上，我们很显然解决了欧美福利制度没有解决的问题。

3. 刚柔相济的运行和调节机制。

由是，我们可以将底线公平的机制表述为：

（1）刚性调节机制。“刚性机制”强调政府在满足社会成员的底线福利需求时负有不可推卸和不能回避的“底线责任”和“首要责任”，这种责任既是一种政治责任，也是一种经济责任，还是一种道德责任。

（2）柔性调节机制。“柔性机制”强调非底线福利责任主体的多元化，充分发挥市场机制、慈善机制、互助机制、自助机制在非底线福利供给中的作用。

（3）刚柔相济机制。“刚性”与“柔性”相互结合，二者结合有三种基本形式，即“刚性主导型”、“柔性主导型”和“刚柔平衡型”。我们通过强制与自愿相结合、基础部分与非基础部分相结合，实现了刚性与柔性相结合。

四、底线公平的原则

第一是全民共享原则。我们要实施“大福利”，过去多年以来的社会福利我把它叫做“小福利”。什么叫“小福利”呢？就是只面向五保户、贫苦户、残疾人、智障儿童等一些特殊人群，由民政部门给他们提供福利，这就是我们大家熟知的民政福利，或者叫小福利。我刚才说的底线公平制度和机制，就是“大福利”，大福利就是全民共享，包括我们在座的每一个人，我们即使没有病，我们也需要健康；即使不上学，我们也需要教育；其实每一个人都需要福利，我们要健身，每个人都需要有好空气、清洁水、顺畅的交通，这些都是福利。

第二是弱者优先原则。我们是人口大国，我们乘以13亿，或者除以13亿差别就很大。比如有100元，如果每一个人发1块钱，解决不了任何问题。但如果把这100块钱给一个辍学的小学生，那这位学生就不会辍学了。这就是弱者优先，就是要解决老百姓最急迫的问题。

第三是政府首责。不是说所有的问题都要政府来解决，都要财政来承担，这不可能。但是，政府是第一责任人。即使不由财政全部承担，但政府要去组织，要去制定政策，要去引导，要去鼓励，要去想办法动员社会力量。

第四是社会补偿原则。要给予市场竞争中处于弱势地位的群体一定的补偿，比如征地补偿、失业补偿、下岗补偿等等。

第五是持久效应原则。我们不能够光考虑眼前的利益，还要考虑到如何持久。就像刚才讲的，考虑在农村建立农民养老保险制度的时候，很多人说一个农民每月才给55块钱，一年才660块钱，是不是太低了？这需要考虑制度的持久性。为什么呢？追求福利的公平是一种刚性需求。一开始给他55元，一年660元，他很高兴，现在在农村也能够解决吃饭问题。以后逐年往上加，他就会很满意。如果你一开始给他一人200元，两年不给他加，他就不高兴了，他会说干嘛不给涨。所以，一开始要低，同时要随着经济的发展，逐渐逐渐往上增加。这就是体现底线公平的五个原则。

五、底线公平理论的优点与缺陷

这样的一个制度结构，这样的一种机制设计，这样的五个原则，返回来讲，它能不能在一定程度上解决经济发展和福利供给之间的矛盾呢？我想是可以的。也就是说，它能够解决老百姓基本的福利需求，同时又能够增加社会发展的活力，这点在2008年金融危机以后看得非常明显。当金融危机爆发的时候，中央提出“改善民生，扩大内需”。但很多人在思想上有顾虑，有障碍，他觉得要度过金融危机的话，首先得多投资于企业，才能继续开工。把钱拿来解决民生问题，是不是有助于我们从金融危机里面尽快走出来？很多人有这种顾虑。事实证明，只有扩大内需，让老百姓有购买力，把需求激发起来，相当一部分制造业，特别是中小企业才能够开工，才能够有收入，才能够解决就业问题，这是一种良性循环。当然，中国从金融危机的阴影中最早走出来，还有很多别的原因，但我们思路上的改变是一个重要的原因。

经济发展和社会公平的关系，我们从底线公平上可以找到均衡点。既使社会保持活力，又使社会福利逐渐增加。鱼和熊掌是可以兼得的。当然要解决的问题还很多，很多地方要细化，要创造很多条件，包括制度上要完善，包括遇到新的问题，如何进一步解决。公立医院的改革都很复杂。我也不是说一个底线公平理论就可以解决所有问题，底线公平理论也是有缺陷的，我自己意识到有三个缺陷：

第一，底线公平理论的适用性可能存在局限。当我们社会存在较大的城乡差距、居民收入差距、地区差距时，我们本着底线公平理论来明确我们发展社会福利、完善社会保障的重点，效果肯定很明显。但是，再过几十年，我们国家更富裕了，我们不仅仅GDP总量成第一了，我们人均收入也和发达国家差不了太多了，到那时候会形成什么样的情况，底线公平理论是否适用？这有待后人来研究和回答。

第二，在经验数据支持方面还有待进一步研究。现在，公立医院的改革就遇到这种问题，到底怎么推行，市场和政府之间责任关系到底怎么样，还需要进一步研究。拿新型农村合作医疗来说，现在每个参保农民一年筹资水平是150元钱，财政出120元钱，农民出30元钱。到筹资水平是200元钱的时候，可能就是中央财政和地方财政加起来出160元钱，农民出40元钱。就是说，目前新型农村合作医疗出资结构，财政和个人之间的比例是4：1。那么，4：1这个比例在筹资标准是150～200元这一水平的时候，像广东这样经济条件好的省份还能承担得起，但有一些省份地方财政就有点紧，给每个参保农民掏120、150元还是很大一笔开支。问题是我们现在的标准仅仅是150元、200元，150元、200元行不行？显然不行。现在城镇职工的医疗保险是什么筹资水平？1000元、2000元。北京市城镇职工医疗保险是2200元。也就是说，即使农村合作医疗水平提高到200元，也仅仅是城镇职工的1/10，显然水平太低。问题出来了，如果按照4：1的比例不变的话，当人均筹资水平达到1000元，或者更高的时候，财政还承受得了吗？大家算一下就知道了。8亿农民每人筹资水平达到1000元以上的话，4：1的比例就要变了。也就是说，随着农民收入的提高，随着广大农村富裕起来了，财政出资和个人出资的比例可能慢慢变成3：1或2：1。这都说明制度还需要进一步完善。所以，这一理论还需要接受时间的检验，需要社会的检验。

第三个缺陷就是，底线公平理论不具有宣传性，不如幸福、普惠、超高公平等好听。

2008年金融危机以后，从欧洲情况来看，他们也在反思，也在研究，他们也知道福利制度的刚性问题必须改革，他们面对着债务危机、失业严重等问题。所以，将来他们也会逐渐改变。当然，人家水平很高，可能另外搞出一些更严密的理论，但是在原则上、在方向上来说，很可能都要朝着刚性和柔性相结合，基础和非基础相结合转变，甚至政府有可能改变过度强制性的特点。中国人在福利制度、福利模式上的创新，我估计对于将来的发展还是有意义的。

链接

提问：关于“底线公平”的概念，我想问一下有没有更好的一种词语表达？比如说基本公平，网上有人说您的底线公平，就是让老百姓活也活不好，死也死不了。现在能不能用另外的词，像基本医疗保险、基本养老保险的“基本”概念？您当时选词的时候，有没有考虑过？您以前写过“适度”，一开始是适度公平，后来把适度公平又解释成其实是要底线公平。为什么不选“基本公平”呢？

景天魁：我非常感谢您看了我的一些著述，而且向我提出了建设性的建议。您提到的“基本的”、“适度的”，我不仅反复考虑过，而且也用过。“底线公平”确实与“基本的”、“适度的”意思相近。但为什么我不用“基本”或者“适度”呢？因为我觉得它们都是意思比较宽泛的形容词。我们在选择概念用语的时候，最好是选择可以准确界定的，就是可以说得清楚的。不要含糊不清，什么叫基本的，什么叫适度的，多少才适度？都是形容词。而“底线”在伦理学上，或者在经济学上，都是一种可以定义的东西。“底线”不是低线，而是指不能含糊、不能推卸、必须坚持、必须做到的事情，底线就是“界限”，不是高低的意思。道德底线、责任底线，作为行为准则的底线，这个“底”，是不可含糊、必须明确、必须坚持的意思。政府责任有一个底线，什么意思呢？老百姓吃饭问题你不能不负责任。老百姓看不起病，你政府不能不过问。从伦理学上和经济学上说，底线是一种伦理的底线、行为的底线。

而“基本的”、“适度的”，都没有这层意思，或者说，不足于表达我想强调的那种意味。在思考和形成这个概念的时候，我强烈感觉到的背景情况是：自20世纪80年代中期以后，在九年义务教育问题上，因财政不出资，农村学校办学困难，校舍倒塌，民办教师领不到工资；因原来的农村合作医疗解体，广大农民看不起病……社会上“上学难、上学贵”、“看病难、看病贵”呼声渐高；社会保障制度覆盖面太窄，城乡居民遭遇难以逾越的制度区隔；社会福利供给严重不足，原来得到一定补助的农村“五保户”生活艰难，乡村养老院岌岌可危，乡镇卫生院难以维持，如此等等，使我感到必须明确政府与市场的界限，明确基础部分与非基础部分的界限，这样，就选择了“底线”这个词，形成了“底线公平”这个概念。在写第一篇文章时，我就担心会有人误以为底线就是低水平，为此专门做了说明：“‘底线公平’是不是最低水平的社会保障？不能这么说。……‘底线公平’不是就保障水平高低的意义上而言的，而是就政府和社会必须保障的、必须承担的责任的意义上而言的，它是责任的‘底线’。”（《光明日报》2004年8月10日学术版）后来，我又多次做了说明，特别是在2009年出版的《底线公平：和谐社会的基础》一书的序言（“民生研究自述”）中，做了集中的说明。

靳文舟：

交通与幸福

靳文舟　现任华南理工大学土木与交通学院副院长，教授，博士生导师，交通运输规划与管理学术团队负责人，1994年7月毕业于吉林工业大学，获运输管理工程专业博士学位，英国伦敦大学运输研究中心博士后，现兼任或曾兼任广东省畅通工程专家组成员，广东省交通运输协会监事，广东省交通厅专家委员会委员，广州市建委市政工程专业委员会委员，广州市政府决策咨询专家，《交通与计算机》、《交通运输系统工程及信息》等学术期刊的编委。

长期从事交通运输工程的教学和科研工作，研究方向为交通运输规划与管理。作为负责人，完成和在研的国家863项目、国家自然科学基金项目、地方政府和企事业单位委托科研项目50余项，研究成果“交通运输系统规划理论与方法”2001年获国家科技进步二等奖，“公路水运交通运输网络规划技术研究”1997年获国家科技进步三等奖，在国内外重要学术刊物及学术会议上发表论文150多篇。

精彩言摘

“交通分很多方面，比如公路、铁路、水路、管道；货运、客运；长途、近途；城市、乡村，这是大交通的概念。我主要是谈城市客运对老百姓生活的影响。人们最基本、最朴素的愿望，就是交通别成为负担，最起码天天上班有保证，不能觉得交通非常痛苦、无奈；每天上班、上学、购物的基本出行时间，按照世界的统计水平就是单程不超过45分钟，超过45分钟我们认为你就是有一定的痛苦因素。”

“这些公共性质的东西，政府应该承担主要责任，不能完全用市场调节的办法去解决老百姓的生活需求。公交要体现公益性，包括地铁，我提的公交包括地铁。现在公共交通包括地铁、公交、巴士，包括出租车。”

“公共交通的基本保障要和社会发展相适应，要和物质文化生活发展水平相适应。而且，交通的作用是引导性，应该适度超前，公交应该优先发展，这也是国家的基本定位。”

“交通既成为生活的保障，也成为生活的影响，可以说是‘成也交通，败也交通’。成也交通，这是积极的一面；说败好像有点太把社会的很多责任推给交通了。其实‘败’有两层意思，交通不发展的话，城市、社会、人们生活、经济等一系列都没法发展；另一层意思是交通给大家的生活带来很大影响。但是我最后的结论是：我们今天的生活，交通对幸福的贡献大于负面影响。”

靳文舟：

交通道路是城市的骨骼或者是血管，是一个地方现代化水平和综合竞争力的标志，是提高居民物质文化生活水平，推进城乡一体化的基本保证。在《广东省基本公共服务均等化规划纲要》里，公共交通属规定的广东省八大基本公共服务领域之一，可见公共交通与民生关系之重要程度。

所以，在《交通与幸福》一文中，靳文舟教授告诉我们，交通如何改变老百姓的生活，交通条件对幸福感会有什么影响，老百姓期望什么样的交通。他还将告诉我们在处理交通问题上面临着怎样的难处。

对于幸福而言，站在不同的角度，有不同的理解，我关心的是老百姓生活中的交通对幸福有什么影响。

一、交通改变生活

首先，交通的条件改变了老百姓的生活，而且是在逐步改变。从远古历史上看，人们是走路，那时候交通基本靠走。而现在，有了现代化的交通工具，从马车发展到汽车、火车、飞机、地铁、高速铁路等等。

1. 速度拉近时空。

速度解决了距离问题。记得我在读大学之前在农村，那时候我上学要走3里路。后来要考大学了，就要离开农村50里路去考试。那时感觉两个人住的距离3公里就已经很远了，可是我现在从家里开车到学校上班，30公里也就是半个小时不到。说明速度拉近了距离，距离不是问题，假如能像光速一样快，到太阳也就是8分钟。所以有了速度，距离也就是小数。

2. 便捷提高了效率。

其次是效率。现在的年轻人上网买东西非常方便；我有时候让我的学生帮忙寄信，我还没离开，他一个电话就把快递员叫来了，学生比我还懒。用户的懒惰就培养了服务商的高明，所以现在的效率其实就是培养懒用户，有什么事情找服务商就好了。我们的交通是在实物、电子信息和物体配送方面起到了关键作用。我们国家拥有庞大的交通网络，没有这样的基础保障，实物是不能像信息一样在空中飞的，必须靠动力、靠载体来运送。交通其实是一个实体的东西。

3. 舒适增加了尊严。

很多人经常说，挤公交挤掉了尊严。但同时大家也应该看到，孩子们能乘着大巴出去旅游，增加了多少幸福感呀。我们经常说要提供航空式服务，并以此来作为服务的最高标准，而现在的交通体系中提供航空服务已经非常简单了，大巴都可以达到航空式的标准，高铁的服务甚至比航空服务还好。所以，人们在使用交通工具的过程中增加了幸福感，增加了尊严。

4. 可靠保证了规律。

交通是使得人和物体产生位移，在规定的时间达到规定的地点，这个准确性和可靠性也能使大家感到幸福。比如飞机、火车、大巴在准时服务这块已经做得很不错，大家可以算得很准，规律性提供了人们的可靠性。比如我今天一早就到了中山图书馆，但各位领导甚至开门的工作人员都还没来。因为我虽然是搞交通的，但也不知道今天堵车，我没有把握就只好把时间提前，结果提前了一个半小时来了。如果交通能有可靠性，我也不需要那么早来了，搞得我很尴尬，接待我的同志也很为难。而对于上班族来说，从家里到单位的路程在40～50分钟之间，大家就有把握了。所以，可靠性是未来交通追求的目标，也是生活改善很重要的一个标准。

5. 安全给予了放心。

没有安全做保证，提高生活质量都无从谈起。我们生活中的几大事情，比如身体健康、安全、稳定、温饱，这些应该说都比交通重要。如果前面这些都得到保障了，那么交通就重要了，安全是列在第一层次的。如果没有安全做保障，那交通、生活还有什么意义呢？所以，现在的交通体系中在安全保障、人员调度等技术上有了飞跃的发展。

二、交通条件对幸福感的影响

交通条件对人们的幸福感有什么影响呢？

1. 交通保障是幸福的必要条件，不是充分条件。

所谓充分条件就是，交通保障好了就幸福了，有了交通就幸福了。所以交通不一定是充分条件，但却是必要条件，就是说想要幸福必须要把交通条件弄好。要想交通有保障，就要有两大块：基础设施和服务体系。

没有基础设施那是空谈，没有车子、道路、机场、站场，你用什么把人运到目的地呢？你总不能说你用意念吧，一拍桌子就到了月球上去了。不行！必须要靠航天飞机，没有实体载物，你是到不了目的地的。因此，必须要有基础设施。哪个城市的基础设施没弄好，交通也就没法好的。

其次是要有公交服务体系。公交服务体系就是说你要有一定数量的地铁，一定数量的公交线路，要有密度、频率，要有舒适性，这才能保障生活的可靠性。比较完善的公共交通和交通基础设施体系，必须能保证绝大多数人的基本出行。所谓基本出行就是人人天天要做的，上街、上学、购物，甚至基本的娱乐、探亲、访友。这些基本出行，大部分的老百姓是要靠公共交通完成的。交通不是目的，我们不是为了坐车而坐车，而是通过交通工具，通过交通的手段达到咱们的目的，这是第一个层次。但是很多时候交通是无奈的，是没办法的，甚至是痛苦的。以前我们叫挤公共汽车，我念大学的时候，在长春挤公共汽车很有经验，叫做“脸朝马路背着里，撅着屁股往里挤”。这是多无奈、多困难的事情，尊严从何谈起，幸福又从何谈起？

2. 优越感产生幸福感。

我们要有一个基本的条件才能谈幸福。没有基本条件去谈幸福，那是阿Q精神，自我安慰而已，甚至不符合人的本性，是欺骗。

幸福也有一种比较，当你饿的时候有包子吃就是幸福的，别人没包子吃你有包子吃，那就是幸福，这就是比较。就像老话说的：“饱了吃蜜蜜不甜，饿了吃糠甜如蜜。”这就是比较。30年前你没有口粮不够吃，他口粮够吃，那他就比你幸福。他没有房子住，你有房子住，那你就幸福。交通也是一样，原来要挤火车，现在可以坐飞机，我比以前幸福了。跟谁比？首先跟自己比，以前骑自行车，后来换摩托车，现在是小汽车了，这个幸福是无止境的。

其次是跟别人比，我开车，他走路，我有优越感，有自豪感。在比较的过程中，是优越感产生了幸福。家里老人特别爱带我做两件事，逛公园和坐公交车，因为他拿着老年证就可以进公园了，而我却要给10块钱。坐地铁、坐公车拿着老年证就不付钱了，但是我一个大学教授还得付钱，就是那种比较的优越感让他产生了幸福。老百姓也会自我安慰，比上不足，比下有余，人家骑马咱骑驴，回头一看还有背包的，还有步行的。所以，比较能产生优越感。咱们这个年代说话没有政治压力，但经历过“文化大革命”的人都知道，当你政治上抬不起头的时候，你更谈不上幸福。因此，幸福是多方面的。

3. 交通过程逐渐成为享受过程。

虽然我们说交通过程不是目的，但是逐步你也会发现交通过程也能产生幸福，也是幸福生活的一部分。譬如说，原来我们都是通过交通达到目的，去上学、去上班、去郊游，没有人会说我去坐车去。但现在的人会说，我练车去，赛车去。20年前政府修绿道没用，饭都吃不饱，谁会去锻炼啊。但现在大家吃饱饭了就去骑自行车锻炼了，交通本身就是一种锻炼身体的方式。甚至现在有人会说，不如去趟长沙吧。去长沙干吗？目的就是体验一下高铁，交通本身成为了一个享受的过程。因此，交通逐渐演变成为我们生活中的一个组成部分，并且是越来越快乐的部分。包括国外的富豪都喜欢登月，他们并不是想上月亮去看一下有什么，月亮上面其实没啥好看的，其实他们就是想看看这8万公里飞船是怎么走的，那就是交通是一种享受过程，是一种体验生活的过程。

4. 交通困难直接影响生活质量。

有人对广州的交通很悲观，我比他稍微乐观一点。但是如果我要谈交通问题，就要谈到根子上去，那就是影响生活。到处是车，到处是人，“so many cars,so much trouble”。不用说10年前，也不用说广州火车站，广州这种堵车挤人的地方到处可见。

交通怎么影响生活呢？我们对幸福的定义有各种各样，我信奉其中一个观点，就是期望值和提供服务的关系，交通服务水平和你的期望值比较，如果达到甚至超过你期望的，那就是喜出望外，那就幸福了；如果达不到就不如愿、不满意，就不幸福。假如交通拥堵，服务水平低下，上下班时间长，车

内拥挤，费用昂贵，没有保障，不知道什么时候能到，怎么可能有幸福。交通是被迫的、无奈的，你又不能走路，又不能骑自行车，又没有钱买车，只能依靠公交。我一个同学，10年前从日本回国，在北京工作。他在北京买了一辆人力三轮车，每天蹬着三轮车上班，顺便送老婆、孩子上班、上学。他说这个三轮车比较自主，能保障他在一定时间内到达目的地。交通服务到了这个水平，让一个从日本回来的博士蹬三轮车上班，生活质量自然就大打折扣了。

大城市的拥堵也到处都是。小汽车占交通中的绝大多数比例，修多少路都不够，车多路少。不发展交通，市场没法活跃起来，生活水平没办法提高，秩序无法提高。所以，交通不发展影响人们生活，是达不到幸福的。比如在广东省的城乡结合部，像东圃、新市、芳村一带秩序都很乱，交通对生活的影响其实非常大。

5. 交通条件直接影响生活方式。

最近流行一个新鲜词汇叫“BMW族”。先乘公共汽车（Bus），然后换乘地铁（Metro），出了地铁再步行一段路（Walk）到达目的地，这就是“BMW”，而这样的人就是“BMW族”。据统计，每天上班出行的单程时间缩短10分钟，相当于住房面积增加15平方米。有的人追求房子，但是住房面积宽敞一个房间还不如距离近一点，交通短一点。一个月的房租＋交通费＝固定值，尤其是在伦敦。你在伦敦一区租房子一周是80镑，你在三区租房子一周是40镑，但你在一区工作，加上地铁票一周40镑，那还是80镑。有人说，市区不用花很长时间，感觉还是市区便宜。但是在市区居住活动范围就小，在郊区居住买了40镑的地铁票除了上班以外，还能到其他地方去。因此，各有利弊，但中心区房价加交通费与郊区房价加交通费应该是一样的。

现代化的交通是怎样一种概念呢？如果让我形容一下广州这样的大城市，那就是家家都有车，还不止一辆，但坐地铁上班。没有地铁就没有保障，天天去中心区不坐地铁不行，路面公交保障不了。但是没有车也不叫现代化，去郊外玩或者晚点回家没有车都不行。能不能有地方放那是另外一个问题，把自己买的车放在郊区的车库里，坐地铁回家也可以；或者坐地铁到放车的车库，再开车出去。有车是现代化生活的一个标志，但是鼓励拥有，不鼓励使用。

关键是，我们的幸福生活向往什么模式，有人说天天开车，或者天天坐地铁，我们基本的逻辑是，有公共交通和交通基础设施作基本保障，剩下是人们自己的选择。有人说我走路是最好的，有人说骑自行车是绿色健康的，有人说开车也是提高效率，都是在基本保障以后再谈这些事情。但是公共交通的基本保障不能达到要求的时候，人们谈不上幸福。

三、百姓期望的交通基本保障与服务

交通分很多方面，比如公路、铁路、水路、管道；货运、客运；长途、近途；城市、乡村，这是大交通的概念。我主要是谈城市客运对老百姓生活的影响。人们最基本、最朴素的愿望，就是交通别成为负担，最起码天天上班有保证，不能觉得交通非常痛苦、无奈；每天上班、上学、购物的基本出行时间，按照世界的统计水平就是单程不超过45分钟，超过45分钟我们认为你就是有一定的痛苦因素。从现在广州的生活节奏、工作规律看，比如你在半个小时内上下班，最起码一天8个小时的工作是不耽误的，上下午的两个单元都能利用；假如出行时间要1小时，比如我们到从化开会，那么一个上午就只能开3小时的会；假如你的出行是3个小时到4个小时，你会发现你要到韶关开会只能上午去，下午开会，不能上下午开会。去了还要回来啊，那就只能睡一个晚上。假如去韶关只要两个小时，你就不用住了，开会4个小时，来回各2个小时，正好8小时工作时间。因此，出行时间决定了生活方式和工作方式。

对家庭而言，如果出门上班单程要一个半小时的话，来回3小时再加上工作8小时，那你从早上6点到晚上8点都不在家，幸福感就大打折扣。另外，费用方面，如果各类人群都觉得他付得起交通费，欣然接受，那就可以。如果打工族觉得天天坐车很贵的话，要么就是收入太低，要么就是交通费用高。如果自己开车，现在每走一公里怎么都要花上一块多，你一个月赚五千块钱，天天开车就觉得负担很重。所以，交通费用和你能够采取的交通方式，决定了你幸不幸福。不在乎那点交通费才叫幸福，你天天看到的士跳表，心也跟着跳，那是不幸福。你付出的少得到的多，那叫幸福，你付出的多得到的少，那就是伤心。

我们对交通的基本要求就是，不能因为交通条件不具备，我就不能干这个，不能干那个，不能探亲访友又不能晚回家。在郊区生活的和喜欢夜生活的人都有这种期望，不然他们必须到点就回家，否则没有车了，不方便。交通变成障碍了，不是保障。我们更希望交通是生活的快乐组成部分，像刚才说的，利用交通工具的过程本身就是享受。此外，交通还是满意的、有尊严的，没有焦虑、劳累的过程。每天坐车都挤得累得不行，每天挤公共汽车都担心小偷偷东西，那你还有心思生活吗？交通过程也要有安全保障，不能老是担心发生事故。比如我们做交通安全教育，通常给司机们写个牌子：“妻儿倚门望，盼你安全归。”从发生事故的角度看，这个交通也不是好事。我家里两台车，但我都不让我儿子开，没有一个稳定的心态，开车其实很不安全。跟交通事故一沾上边，就别提幸福二字了。所以，我们要注重安全。这就是人们最朴素的对交通的希望。

那什么是现代化的交通？就是我刚才所说的，有车，但是不鼓励使用。如果用标准来衡量，就是安全可靠，便捷高效，经济舒适，低耗环保。经济舒适少花钱，提高尊严；便捷高效，包括智能、方便，有足够的车和路，还要安全可靠。低耗跟环保是两个概念，环保是绿色，低耗就是节能，节能减排是现代交通的最大目标。然后是对中心区的交通希望，比如坐公交车，我们希望热闹的地区公交车是连续服务的，按国家标准，高峰期公交车8～10分钟一趟。再有就是走到车站要多长时间，伦敦三区规定，步行4分钟就要有公交站，我们是要求8分钟。可是很多地方都达不到这个标准，8分钟连小区都还没出去。频率上是希望能够连续服务，哪怕等个5～6分钟也没关系，但10分钟以上就烦了，就不幸福了。在郊区的人，很难知道公交车什么什么时候来，上一班车是什么时候走的，因此希望公交车能够准时服务。

幸福的交通究竟应该是怎么样的呢？我今天早上编了一个顺口溜：公交地铁方便，车内安全不挤；高峰连续服务，低谷准时服务；出门开车不堵，春节有票回家；停车有位不贵，换乘便捷高效。老百姓其实也没要求太多，但是能达到这样的目标，也不是一件容易的事情。譬如说出门开车不堵就根本做不到，因为我们的地就那么多，汽车数量以20%～30%的速度增长，道路最多以2%～3%的速度增长，而且增加一台汽车要增加50里路面，我们没那么多路面。就像做了一桌饭来了两桌客人，要么一桌不吃，要么大家吃个半饱。

四、城市交通体系定位

那么，在广州这样的大城市，我们的交通应该怎么定位，站在什么角度去想我们的交通？比如我们一个基本的判断，就是现在的大城市交通拥堵是常态，根除交通拥堵，这是不可能的，但是可以逐步缓解。你一味地满足需求这是不可能的，只能引导需求。还是刚才这个逻辑，比如我们现在让所有的小汽车都畅通起来，这是不可能的，因为道路有限。让所有出行方式都好起来，这是好不起来的。

1. 北京、上海、广州、深圳这样的大城市，建立公交为主（包括轨道交通）的城市交通体系是唯一的出路。

还是举个吃饭的例子，比如现在来了两桌客人，但只有一桌饭。你要分析原因，是粮食不够还是灶不够，假如餐具不够那好办。你一天做六顿饭，要是一批人吃早三顿，他吃7点、11点、17点。剩下的你再做后三顿，让第二批人吃8点、12点、18点。这样两批人都吃饱了，有粮食没有灶就轮班吃。轮班吃的概念在交通体系中就叫做错峰上下班，这是一种办法。

另一个问题是粮食不够，就那点粮食，来20人只够10个人吃。简单的办法，每人吃半饱。要么就是每人吃一顿半，不吃三顿饭，少吃一顿，吃半饱。但是他总有一天会饿死。假如生命是平等的，吃东西有吃少的，饿死一个吃少的人粮食还是不够，接着第二个也会饿死。要是饿死一个吃得特别多的，剩下的粮食多，那就能少饿死几个人。所以，在资源有限、权利平等的前提下，怎么保证这个事情分配公平？那就是把吃得最多的饿死，饿死他一人，幸福千万家。在咱们交通体系中就是把效率低的、占用资源多的砍掉，要用高效的公共交通工具，少利用资源多运客。

比如我们上次和有关人士争论，中山大道的BRT，一共是8车道，给了2车道BRT专用，给了6车道社会车辆。有人说2车道的BRT专用道太浪费了，小汽车堵了；但也有人说BRT效率高。那么，我们从什么角度去判断这个问题呢？第一，你看段运流量，如果每个人的出行权是平等的，按人头，一小时段运，你看这两条BRT车道能运多少万人，而6条小汽车道又能运多少万人。显然

2条车道比6条小汽车车道运的人多，而且BRT车道占的少。

所以从这个角度上看，应该大力发展公交专用车道。另外有人说假如按人均创造GDP价值，是在6条小汽车车道里面创造的GDP价值多还是公交创造GDP的价值多？但是我们的政府应该是大众型的政府，应该是面向社会群体的政府，不能以GDP为先导，更不能把生命权和通车权用GDP去平衡。所以，这种观念忽视了老百姓的权利。在这种逻辑下，公共交通将是广州这样的城市唯一的出路。像北京、上海、广州、深圳这样的城市建立公交为主的城市，包括轨道交通，但城市交通体系是唯一的出路。也就是说，你现在不能让所有的公交车、出租车、小汽车都好，但是我可以先让公交车好起来，小汽车能好最好，好不了我也没有办法。这就是对这样的大城市你的定位。

2．公交（包括轨道交通）是基本公共服务，要充分体现公益性，而不是企业型；公益性的基本公共服务应以政府责任为主，而不是企业责任为主。

如何发展公共交通呢？首先公共交通体现公益性。“十七大”报告中特别提出了“基本公共服务”，在广东省有了基本服务均等化的规划。基本公共服务提出了“四个公共”、“四个保障”。“四个公共”包括公共交通、公共文化体育事业、公共基础教育、公共卫生。“四个保障”包括基本住房保障、基本医疗保障、基本就业保障、基本养老保障。这些公共性质的东西，政府应该承

担主要责任，不能完全用市场调节的办法去解决老百姓的生活需求。公交要体现公益性，包括地铁，我提的公交包括地铁。现在公共交通包括地铁、公交、巴士，包括出租车。

另一部分，公共交通的保障要随着人们精神文明和物质文明的发展同步发展。公交不能太超前，咱们现在财力有限，你一台大巴拉两个人天天跑，那也是浪费，那也是犯罪。但是你修了那么多路都为小汽车修，公交用不上多少，那就公平了吗？所以，公共交通的基本保障要和社会发展相适应，要和物质文化生活发展水平相适应。而且，交通的作用是引导性，应该适度超前，公交应该优先发展，这也是国家的基本定位。

3. 让公交方便的两个关键措施。

如何让公交车方便？最简单的两条就是给钱、给权。要是没有钱就没有那么多车，也没有那么多班次。开车要油钱，买车要现钱。有了钱才能多点线路，你们家门口就有车，线路密度能够逐步增加，地铁也会逐步增加。所以，在公交方面投钱是解决公交一个最主要的措施。既然公共交通是政府主导的主体，政府就不能把责任全部推给企业。企业行为可能是以赚钱为目的，不赚钱企业怎么办？政府不一样，更多的是面向公众的公共利益，这些政府应该承担主要责任。

第二，你有了钱，公交车也跑不快，为什么？因为到处堵车，公交车内也很挤。挤的问题好解决，多点车就不挤了，现在100人装在一个车子中肯定挤，国家标准每平方米站8个人，那肯定挤，如果每平方米站4个人就不挤了。但是多车以后又跑不起来，那么多的大马路都给小汽车了。但是BRT为什么能跑得起来？因为给了它权利，只要你给它通行权它就能跑得快。现在的问题是，我们的资源那么有限，给公交权利了，小汽车堵了，小汽车堵了那这个社会发展就慢了。

广州市前些年禁摩托车的时候，列了摩托车很多罪恶，各评审委员画钩签字的时候都说摩托车不好，又抢劫又影响交通，砍掉！你想在政府有画钩权的人最起码都是处级干部，有哪个处级干部骑摩托车上班的？后来又禁电动车，评审委员会又画勾了，电动车不好，从我身边一过吓我一跳，砍掉！有权利画钩的人也没有一个人骑电动车的。中山大道搞BRT，又征集各评审委员的意见，这个事好，响应国家优先发展公共交通的号召，而且是惠民政策。可是这车道一开，咱们这些车怎么走呢？要研究研究。因为有画钩权的人没有一个人坐公交。政府不忍心看见小汽车堵，因为现在在发展阶段。

4. 引导小车使用者放下小车坐公交。

但是都堵得没办法了，大家都挤在门口，谁也过不去，只能排队。假如都水泄不通了就一定会有办法，一定会有人牺牲。所以，怎么才能让人放弃小汽车？我想来想去，应该有四个方法：

（1）没汽油了。只要没汽油车就不动了，相信大家都记得2007年缺油的那情景。但是如果连汽油都没有了，那能源肯定就出问题了，对于国家来讲，能源比交通问题重要。

（2）堵得受不了了，大家都过不去了，看你是开车还是走路。公交车轻松跑，小汽车堵着。坐公交的人有优越感了，有自豪感了，一看坐公车也能比小汽车快，梦想实现了。小汽车一看，公交都快了，我何必耗时耗力耗钱，自己也坐公交了。那就是权利给了公交，小汽车堵，他就放下了。当堵车堵得开小汽车没有公交方便了，傻子也会选择公交，主要就是要看公交有没有这种吸引力。

（3）开小汽车的费用贵得受不了。停车一个小时30块，第二个小时50块。我经常跟物价局的人说，中心区的停车费要大幅度提高，要高得让开车人心疼的程度。经济手段是调解交通量很好的办法，前提是我放下车了你也不能让我走路。你鼓励我骑自行车，但你想广州的大夏天，漂亮女孩满身涂脂抹粉的，骑5分钟一身汗，还能工作吗？她有幸福感吗？所以，这个问题要先解决公交的基本保障，然后再将拥堵费用提高，才能让他放下小汽车。你公交不发展好，你让我放弃小汽车，那我更没有幸福感。如果要放弃小汽车，另一种逻辑就是，从我做起，从零做起，教育老百姓都不要开车了，坐公共汽车。但是设计系统不能以人们的最高觉悟定位，要以平均以下的水平定位才能让老百姓接受。

再谈一下公车滥用的问题。有人说公车要限制，要监控。限制公车数量和车辆监控，就能限制公车乱用了吗？只要公车使用部门有钱，哪里租不到车？关键还是不怕贵！只要他有钱、有权他会没车用吗？如果说这个系统现在就限制发牌，提高各类收费，会演化成什么结果呢？谁不怕贵，政府车辆不怕贵，富人车辆不怕贵，老百姓中低收入阶层怕贵。现在如果使用收费提高，不发牌，又收停车费等这些办法，结果就是把空间留给了富人和公车，就变成了富人的交通体系。老百姓中低收入阶层只有抱怨，没有选择。所以，根还是在于你有没有钱，怕不怕贵，如果政府也怕贵了那就好办了。

5. 用什么标准来衡量公交是否方便?

那么，什么叫公交方便？什么叫便捷高效？用什么标准来衡量公交？成天说以人为本，以人的哪些本性为本？人的本性有本善，本恶，有高尚，有低俗，有勤奋，有笨蛋。我原来在《南方日报》发表过一篇文章，说若要衡量公交是否方便，假如笨人和懒汉都觉得公交方便了，那才是真方便。为什么？咱们现在设计一个系统，都要让智障的人，或者让笨蛋证明一下他能不能找到那扇门。如果一间屋子安全出口，聪明人都找不到，你让普通老百姓怎么用？咱们的交通标志，要让笨蛋也能找到路，那就是好的交通标志。

现在最可怕的是人们有这样一种交通文化，认为既然是坐公交要求就别太高了，走两步不算什么，公交就该挤一点，要不然公交公司上哪赚钱，坐公交就不能跟小汽车比。小汽车也叫轿车，中国历史上有轿子文化，抬轿子。以前的官轿经过，前面开路的随从还举两个牌子，一个叫“肃静”，一个叫“回避”。“肃静”、“回避”有一种高贵的感觉，我是坐轿子的，你们是抬轿的，你要给我让路，你不能大声打扰我。开车的人也一样，本身就定位在我是高档的，你们坐公交车就应该这样。这个社会非常可怕的就是这种观念，每次提出要投资公交就这样，咱们没多少钱，300多亿公共投资，每年就8个亿给公交补贴。我就不知道，咱们每天640万人乘公共汽车出行，430万人乘地铁出行，是1000多万人的权利，比开小汽车的人多多了。政府该不该多考虑老百姓的出行问题？

另一个问题，我们经常说像广州这样的城市，还有北京、上海，我们的公交服务水平已经很高了，公交分担率占全方式分担率的38%，已经占了很大的比例。尤其是广州，公交人数不少了，每天一千多万。人数是重要的，但是这能成为公交优先服务水平高的标准吗？都是什么人坐公交车？低收入阶层多，穷人多，因此只有抱怨没有选择。所以，坐公交车的人数多不一定代表这公交服务水平好，他们是无奈的，幸福还谈不上。

当公交真的能吸引那些有选择的人群，比如让有汽车的人，都放下自己的小车去打的、坐地铁的话，那才是公交服务水平达到一定程度的标准。而不能看数量，穷人全在广州坐公交，你能说公交水平提高了？如果你用笨人懒汉的标准去衡量广州的公交，你就发现到处是毛病。

我举一个例子，20年前的公交车是怎样的？在交叉口对面就是公交站，从这边看到那边，路也不是很宽。现在不是了，交叉口近50米内不能放公交站。那么，两边的公交站一错开，加上交叉口就130多米。马路一拓宽，行人就要过天桥，没有300米到不了对面公交站，越修路公交就越不方便。要是单行线、立交桥之类的，你就找不到公交站了。

总之，城市交通体系的定位是考量政府的决心和导向。现在有很多城市都拿出了治堵方案，关键就是你的定位和决心能不能实施，能不能把更多的社会车道让给公交，这样才是唯一的出路。

五、交通对人们的生活是一把双刃剑

1. 交通拥堵：没有办法根治，只有引导需求。

交通也不一定都是好事，它也是一把双刃剑。交通没发展的时候，我们觉得这个城市没有交通，经济发展不起来，老百姓生活不方便，生活水平低下，没有幸福感。但是到处都交通拥堵，你也会感到幸福感打折。比如我们看，真正交通拥堵你也没有办法根治，你继续修路也解决不了小汽车增长的问题。修路的速度不但没有车辆增长的速度快，更没有车辆聚集的速度快。珠三角各城市如果修一条六车道的大马路，不到两天就平衡了，车又满了。当然没有路也是不行的，要有一个基本的路网和设施保障。所以，要有一个基本保障，然后引导需求。

交通拥堵给社会经济、生产、生活带来的影响越来越大。它不但耗时，而且耗能源排放，影响了人们的心情，天天堵得烦躁，我宁可多开几公里也要走快速路。天天在路上堵着，就是坐的位子很舒服你也不愿意在那待着。现在的交通拥堵应该说是世界性的难题。

2. 交通事故：严重影响生活，与幸福相悖。

6 月份惠河高速，广州二汽的车出了大事故，11人死亡，交通事故实在太可怕了。《珠三角发展规划纲要》中提出要成为

“最安全、最便捷、最高效、最开放的亚太地区物流和客流中心”。什么叫亚太地区最安全？最起码死亡人数最少。

举一个例子，日本2亿人，有8000万辆车。每年整个日本的交通事故死亡人数是5000～5500人。广东省全省1亿人，有500万～600万辆车，交通事故死亡人数虽然每年在下降，但也有8000多，前些年还超过1万。死亡人数占全国的1/10，甚至1/7、1/8的时候都有。你一个省这么点车，这么点人，死8000多，日本2亿人8000万辆车只死5000多。道路交通已经成为非正常死亡的一个最大的祸根。一旦沾了交通事故的边，简单的跟保险公司打交道也要一周时间，受一点人身伤害的话这半辈子都消受不了，要是有死亡，那就和幸福相悖了。所以，交通事故是猛虎，非常可怕，我们应该特别重视交通安全。

3．随着生活质量的提高，人们越来越重视交通对环境的影响。

我们说现代的生活质量越来越高，人们在衣、食、住、行方面都有保障，能不能吃饱已经不是问题了，现在是能不能选爱吃的，能不能吃得环保、吃得健康的问题。基本问题解决了，顶多就是你吃得太多不好。而交通现在仍然没有保障，有了保障以后还拥堵，带来环境影响。

前些年大家没有住房的时候，首先解决有房的问题，即使房子不在市中心，顶多说交通不方便。十年前你会自豪地说，我们家门口修了一条大马路，我们家已经通公交车了，车站就在家楼下。现在你再说你家门口有一条高速公路，你那房子还值钱吗？你家门口有公交站你拼命地投诉，想让它搬远点。现在有很多楼盘没有交通的时候卖不出去，因为大家去不方便。现在一条路从中间过，老百姓就起劲反对。交通已经成为了干扰，很多人就是因为交通噪音影响了生活质量。

还有排放，现在汽车尾气排放占空气污染中的60%。我们生活的质量提高了，但交通是败笔，交通是影响。当没有的时候必须依靠交通发展，有了交通了，就希望交通干扰更少一些。噪音、排放、振动、电子干扰、灰尘，直接影响了我们的生活。城市的“穿衣戴帽”只解决了眼睛好不好看的问题，你的噪音、排放是解决鼻子和耳朵的问题，你的交通是否方便是解决腿的问题。所以，你的房子、你的生活、你的五官都和交通有关。我国的城市化在发展，解决了温饱，走向小康，走向现代化的时候，我们的环境是越来越大的问题。

但是如果不发展交通，交通问题也难解决。比如2008年春运的广州，春运有这样的情况确实不多，但前提是湖南不下雪，只要一下雪，高铁也开不了。飞机能运几个人？据初步统计，当时是40万～60万人。没有交通人们哪有生活。那么，有了交通你也可以往好的方面想，看看城市交通秩序井然，花草树木，在这样一种环境中生活，交通给人们带来的是祥和幸福。

所以，交通既成为生活的保障，也成为生活的影响，可以说是“成也交通，败也交通”。成也交通，这是积极的一面；说败好像有点太把社会的很多责任推给交通了。其实“败”有两层意思，交通不发展的话，你的城市、社会、人们生活、经济等一系列都没法发展；另一层意思是交通给大家的生活带来很大影响。但是我最后的结论是：我们今天的生活，交通对幸福的贡献大于负面影响。

链接

提问：您认为对于民众来说什么才是幸福？

靳文舟：我简单说说自己的体会。第一，要有基本的保障，也就是说咱们国家提出的“小康”，衣食无忧，有基本的各类保障，能够达到一个基本水平。这个基本的保障条件有了以后，其他幸福就是个人取向。基本保障是一个条件，没有基本保障谈幸福有点自欺欺人。我还有一个观点，幸福是一种比较的结果，就是你的期望值和你实际得到的比例，当你得到的比你期望的多这时候幸福感就来了。当你期望得多，得到的少，那你就失望了。

提问：杭州做了一个比较好的公共交通的衔接问题，就是在公交站与公交站之间提供了自行车，这样就为人们出行提供了便利。您觉得广州可以学习吗？

靳文舟：杭州的公共交通搞得很好，我们广州也做了很多的努力，也有设点，但是分布不密。这和出行结构有关，广州大部分是上班族有规律，如果天天有规律，天天骑租的车也不好，而且道路通行条件给自行车留的空间太小了。应该说解决公交车站到工作单位之间路程的问题，电动自行车还是发挥了重要的作用。其次，作为中心区，公交站应该设在3分钟能够到达的地点。在中心区完全靠自行车也不是完全可行的事情。但是公交站旁应该大力发展，杭州做得好，广州在学，未来的发展还是有希望，但不是很乐观。

唐钧：
住房问题与住房社会政策

唐钧　1948年生于上海，硕士，毕业于香港理工大学应用社会科学学系。中国社会科学院社会学所研究员，研究生院教授，天津南开大学周恩来政府管理学院博士生导师，中国社会学会社会政策专业委员会秘书长。自1986年开始从事社会政策、社会保障、贫困与社会救助等方面的研究，发表和出版论著近600余万字。主要论著有：《中国社会政策研究10年》、《广东省残疾人社会服务体系研究》、《中国社会（发展）》、《问题与障碍：中国走向全面小康的社会政策思考》、《中国城市贫困与反贫困报告》、《中国城市居民贫困线研究》、《市场经济与社会保障》、《中国社会福利》等等。

精彩言摘

“住房问题不等于房地产问题，更不是高房价的问题。”

“如果不把老百姓的住房问题——一个关于社会政策的问题和房地产的问题区别开来，高房价这个问题是解决不了的。因为房地产高房价是一个经济问题，是一个市场的问题，跟社会政策本来就是两回事。”

“我们必须建立一个概念：住房政策不是房地产政策。住房政策是社会政策，房地产政策是经济政策。当然，用我们现在的政策语言来说，住房政策叫保障性住房，房地产政策是商品性住宅。经济政策是靠市场去操作的，社会政策是要靠政府去运作的。”

“许多城市存在着房地产的泡沫，为什么呢？因为我们的住宅被商品符号化了。现在建了很多房子都不是为了住，它的名字叫住宅但不是为了住，而是为了投资。据说中国热钱很多，流动的钱很多，所以我们要建大量的房子去满足它。”

唐钧：

2010年住房问题是排在群众关注问题的第一位，所以有人形容这两年房地产的疯狂是历史罕见，泡沫之大是历史少见，房价涨幅之快是历史上不多见。所以，住房问题已经对民众造成了一个巨大的心理冲击和感情的创伤，有的地方住房问题所集聚的民怨已经迸出了火花。对住房问题可以说人民的意见很大，所以总理说："稳定房价和提供住房保障是各级政府的重要职责。"所以，要让人人有房住，让租房的人租得起，买房的人买得起，肯定成为广东政府下一阶段民生工作的重点之一。

在《住房问题与住房社会政策》一文中，唐钧教授将告诉我们中国住房的现状和存在的问题，中国政府的住房政策以及将来的愿景。

我先问一个问题，大家可以想一想，我们的经济学家，我们的房地产行家经常说发达国家的房地产价格比中国高多了，他们的意思就是说中国的房地产还可以涨。比如说我们现在政府也挺喜欢用、媒体也挺喜欢用的一句话叫"国际惯例"，他们的意思就是说按照国际惯例房价还可以往上涨。但是我要问的问题是什么呢？是发达国家它的房地产价格那么高，为什么老百姓不会把这个东西当做第一大社会问题？大家要去想一想这个问题。所以，我讲的问题是住房的问题与住房政策，因为我是研究社会政策的，社会政策里面住房政策是一个非常重要的问题，按照温总理的话来讲是第一重要的，是他第一关注的问题。

我现在要对中国的住房政策做一点评价。也许一部分人是想知道房价什么时候往下落，什么时候他们能买得起房，2011年什么时候房价开始往下落，能落到什么地步。很可惜，我不能给大家答案，因为我的同事，尤其是我们中国社科院搞房地产、搞经济的很多人都做过预测，但是从来没有人预测准确过。所以，我不能走这条路。为什么呢？因为经济预测是按规律预测，但是中国的房地产是反规律的，它没有规律，没有规律你就不能做预测，做预测其实是很冒险的，而结果也证明了这一点。那么我今天能够告诉大家的只是讲中国的住房问题。注意，我跟几乎所有的人讲的都不一样，我讲的是中国的住房问题，不是房地产问题，中国的住房问题政府应该怎么做。当然，它的结果是使大家买得起房子，虽然我不能告诉大家什么时候能够实现，因为我没有这个权利，我也没有这个能力让政府按照我的想法去做。但是，我的想法真正是按国际惯例在说话。

一、中国住房社会政策：现状与问题

1. 房价越调越高。

先来看一看2010年我们政府做了什么事。在两会上提出了要促进房地产市场平稳健康发展，坚决遏制部分城市房价过快上涨势头。一年来住建部、国土部、银行以及国务院的其他有关部门也出台了“国十条”和“新五条”等一系列调控房价的措施，为房价忙得不亦乐乎。但是，2010年全国楼市在多重调控政策作用下，依然红火一片。年底温总理跟老百姓对话的时候说：“对敏感的问题不要回避。我在去年的访谈当中曾经向广大群众承诺过，在我的任期内一定要使房价能够保持在一个合理的水平，我还要为实现这个目标而努力，绝不会退缩。”这个话相比在年初讲的话冷静了一些，也低调了一些，当然目标没有变，但调子变低了。我从2004年开始关注住房问题，2007年我开始写文章，基本上每年写2～3篇关于这方面的文章，我的观点倒是没有变过，就是一个——住房问题不等于房地产问题，更不是高房价的问题。大家会觉得很奇怪，为什么会这样说呢？去年两会刚过，凤凰台对我做过一个采访，我当时说房价，虽然中央下了很大的决心，但是房价可能遏制不住，因为两会刚过北京又出了一个“地王”。“地王”的出现严重打击了老百姓的信心，就是总理说总理的，但是房地产市场依然如故。所以，我说如果不把老百姓的住房问题——一个关于社会政策的问题和房地产的问题区别开来，高房价这个问题是解决不了的。因为房地产高房价是一个经济问题，是一个市场的问题，跟社会政策本来就是两回事。所以，我刚才问大家的一个问题就是为什么发达国家也是高房价，而人民的怨言却没那么大的原因。

发达国家闹事现在也挺多的，但是没有为住房而闹事，为什么？因为在房地产之外人家有一个住房社会政策，是给老百姓解决住房问题的。所以房地产再怎么涨，跟老百姓的基本生活无关，大家应该理解这一点。我国2010年新建商品住宅全年的均价：北京20328元每平方米，同比涨幅42%（与2009年相比）。上海，22261元每平方米，同比涨幅40%。广州，11579元每平方米，同比涨幅23%。深圳，20596元每平方米，同比涨幅33%。所以说，年初讲的一定要遏制房价的上升，不敢说全部至少在这四个城市没有达到目标。根据媒体报道，所谓的二、三线城市现在的房价也在猛涨。开个玩笑，四个城市里面广州是最幸福的，涨的幅度最低，均价最便宜，11579元每平方米，我觉得也许跟亚运会有一点关系。均价是一个什么概念？如果我们按一个城市的均价去买

房子的话，从北京来讲大概在4万～6万之间。在广州来讲，均价可能是在外环线之外的房价。当然，我也不太清楚这个均价是怎么算出来的，但是市区的房价大概是均价的一倍还要多一点。所以，当时凤凰台记者采访我的时候我说了两句话：第一，我说现在的房地产市场已经形成，靠政府去压价是压不下来的。第二，把房价压下来一半又如何？想买房子的人还是买不起。其实政府已经做了很大的努力，在八年当中74次调控房价，但是结果是房价越调越高。

2. 政府应确保公民的居住权。

在整个社会领域当中，有六项公民的基本权利：（1）生存权。就是说你出生以后至少要获得最起码的生存和生活的权利。（2）健康权。也就是我们通常讲的医疗卫生，也包括权利健康的问题。（3）受教育权。要能够读书，因为在现代社会里受教育水平的高低将决定人的一生。（4）工作权。要有工作的权利。（5）居住权。（6）财产拥有权。社会政策学通常认为在社会领域当中有这六项公民的基本权利，什么叫公民的基本权利呢？也就是说政府需要给他保障的。这六项对于人类来讲都是一个需要，首先讲它是需要，但是这种需要是分成两个层次的：一个是基本需要，一个是高层次的需要。我们讲生存权，我们可以买米、买油、买菜，在家里做饭吃，但是我们也可以到饭店去吃，可以到高级饭店去吃。以前有过吃“黄金宴”，每个菜里面都放金箔让你吃。据说有一个富豪到饭店里面不太高兴，看到在水里游来游去的金龙鱼，就说我要吃这个，你给我清蒸。那个鱼是好几万块钱一条，从市场的角度来看，只要他有钱就可以满足他这个需要，但是这个需要不是一般的老百姓过日子的需要。

那么健康也一样，受教育也一样，你可以读到大学本科毕业你去工作，当然你也可以继续读。然后你可以在国内读，你也可以出国去留学等等。现在在住房问题上也有一个基本需要，就是老百姓应该有房子住。这个基本需要怎么来衡量呢？就是说在这个社会当中，老百姓基本上都认可的。比如说平均一个人20平方米或者30平方米，有厨房，有厕所，有了这么一个房子的话我们就满足了大家的基本需要。现在中国的问题，是把房地产和老百姓的住房问题混淆在一起，实际上就是把高层次需要和基本需要混杂在一起了，所以问题就说不清楚了。刚才讲的这几个需要，我们从社会政策的角度出发，政府要保障的是他的基本权利，基本权利是属于什么呢？社会心理学有一个理论叫“马斯洛的需求层次理论”，他造了一个金字塔说明需要有五个层次：（1）生理需要。吃喝拉撒睡，这是最基本的需要。（2）安全需要。（3）得到认同的需要。（4）自尊的需要。（5）自我实现的需要。马斯洛还有一个理论，人在满足了低层次需要的时候就要去追求更高一个层次的需要，但这不是绝对的。中国工农红军爬雪山过草地的时候他们最基本的需要都没有，但是他们争取的是一个最高层次的自我实现的需要。但是在一般的时空条件下，一般的人是按照这个规律去办事的。前面讲的几个权利是属于比较低的需要，比较低的需要的特点是更接近于人的本能，更接近于人的动物本性。

我们老是说要家庭保障，但是家庭保障在现代社会里面它所能起到的作用越来越小。因为现代社会，按照马克思的说法，它已经是一个社会化的大生产。社会化的大生产里面，从经济学的角度来讲它把人作为生产要素来进行配置，这个配置的过程当中，劳动力是要流动才能实现劳动力的市场配置，他必须要流动。但是过去中国社会是一个农耕社会，农耕社会最大的特点就是不流动，把人束缚在土地上。所以，你可以不流动，你可以留在家里，你可以尽孝。但是在现代社会当中人需要流动，你尽孝的可能性就比较小，你心有余而力不足。所以，家庭保障在现代社会的成本过高，产生的作用就越来越小。现在唯一的办法就是靠社会，尤其靠政府。为什么说它是基本权利呢？基本权利就意味着它是政府的责任，政府必须要为老百姓解决这六个方面的问题。现在我们讲幸福广东，广东怎么才能幸福起来呢？政府要解决这六个方面的基本权利。

3. 住房问题≠房地产问题。

我们本来需要解决的问题，是老百姓的住房问题，但是我们现行政策瞄准的是高房价问题、房地产问题。政策的目标不对，所以它起不了作用。打一个比方，前一阶段物价涨得比较厉害，尤其是食品价格涨得比较厉害，我们政府要解决的问题是老百姓的吃饭问题，就是说要使恩格尔系数能够维持某一个水平。恩格尔的系数就是说你吃饭占的钱占整个消费所占的比重，当然它是越小越好。但是因为粮食涨价，肉类涨价，蔬菜涨价，使老百姓在吃的方面花的钱多了，这就必然压缩其他的开销。但是，政府的政策不是去解决这个问题，而是拼命去限制说鱼翅不能涨价，鲍鱼不能涨价，用这样的比喻大家可能更容易理解一些。吃饭问题好比是老百姓的住房问题，鱼翅涨价和鲍鱼涨价是房地产的问题，为什么政策不起作用呢？就是因为政策瞄准的目标错了。

我们可以回忆一下世纪之交搞房改，就是1998年开始到2002年这一段时间搞房改，停止了福利分房，但是很奇怪的是到了2003年我们的住房政策没有了，剩下来的只有房地产了。有人开玩笑说城乡建设部就是房地产部，从部长到司长到专家，开口闭口都是房地产。当然，在若干年之后出现了“保障性住房”，一

开始时是绝口不谈，一张嘴就是房地产。其实住房政策的改革是社会科学院所设计的，设计的时候有两个政策，其中一个是用廉租房解决低收入群体和住房面积偏窄、偏小的这样一些家庭的问题。经济适用房是针对老百姓的住房问题，现在大家一听经济适用房就火冒三丈，但是事实上不是这样。经济适用房实际上是一个好政策。

福利分房停止之后，有那么一段时间内唯一的选择就是到市场上去买房子，比如说有动迁的，我们现在城市里面大拆大建，甚至有人开玩笑说中国为什么叫“China”，北京人念这个英语念得不正，就叫“拆了”。中国为什么要叫“China”，因为就是“拆了”，拆吧。大规模的动迁，动迁户需要房子。现在钉子户为什么跟政府闹得不可开交呢？就是因为补偿金还是买不了房子，而且居住问题对老百姓来讲不仅仅是一个有房子进去住的问题，一个人所有的人际关系和所有生活的基础都在原来的住处。拆房子按均价迁到外环去了，在那里你是可以买到一个面积差不多的房子，但是你的生活基础，你的人际关系统统被破坏了。可惜政府没有去考虑这个问题，只觉得我拆了你的房子我还你房子就行了。以前还房子这个目标还达不到，现在可能相对缓和一点了，但是你拆掉了人家的房子也拆掉了人家的生计，这是一个大问题。

另外，福利分房之后，人人都要养儿育女，当孩子长大了以后怎么办？所以还是需要买房子。然后还有外地人来广东打工的，慢慢地在这里建立了基本的生活基础，那么也需要买房子，而广州的发展其实是离不开这些的，所以就显示出很大的居住需要。但是，在当时来讲，市场是唯一的解决住房问题的途径，所有的人都逼着只能去市场上买房子，于是中国的房地产市场出现了一个假象，居住需要好像是无穷无尽的。所以，在这个时候问题就逐渐显现出来，专家队伍里面也发出了很多奇谈怪论，也有官员发出的奇谈怪论。譬如说是因为父母买单，所以推动了房价上涨。房价上涨不是因为别的原因，而是因为住房子的人不需要出钱，是由他的父母买单，所以就推动了房价上涨。另一个说法是丈母娘推动了房价上涨，选女婿必然是要找一个“蜗牛”，就是说你要跟我女儿结婚你要带着房子来。还有的专家说是因为离婚率高推动房价上涨，本来两个人住一套房子就够了，离婚之后就需要两套房子。更奇怪的是说因为大城市里面小姐太多了，小姐有钱买房子，所以把小姐统统赶出城市这个房价就不涨了。不知道怎么会挖空心思想出这些道理来，但是住房问题即使从经济学的角度来讲也成了一个很大的问题，许多城市存在着房地产的泡沫，为什么呢？因为我们的住宅被商品符号化了。现在建了很多房子都不是为了住，它的名字叫住宅但不是为了住，而是为了投资。据说中国热钱很多，流动的钱很多，所以我们要建大量的房子去满足它。

其实这个很蠢，我们建房子需要花费大量的物质财富，它跟股票不一样，股票就是那样一张小小的票，它甚至可以在电脑里虚拟地走动。但是我们现在是把住房变成了股票，住房实际上是一张股票，对那些投资的人来讲住房是没有实用价值的，它只是一张股票。它只是一张股票的话，也就是说为了建

这个房子所消耗掉的大量的物质财富实际上是被冤枉掉的。然后建这些房子还造成了大量的建筑垃圾。中国第一公害是什么大家知道吗？中国的第一公害是建筑垃圾。我们对塑料袋的污染很重视，觉得它会造成土地污染，多少年化不掉等等，但是建筑垃圾的问题大家也要想一想。所以，当住宅商品符号化的时候，开个玩笑说买房子还不如买楼花，买楼花至少从环保的角度上讲要比房子好，我不知道大家是否接受这个观点。当大家只有这么一条唯一的出路的时候，大家被迫去当房奴。房奴是什么意思呢？就是其他正常的消费被大大地压缩。虽然房地产好像很景气，好像支撑了整个国民经济的飞速发展，但是我告诉大家，北京2009年GDP的51%是靠房地产贡献的，这是很可怕的。

现在一买房子，其他的生活消费被大大地压缩。老百姓尤其是年轻人，不少70后、80后，不买房子的可能生活过得不是非常稳定，你总觉得对将来的预期不行，不过现在过的日子相对而言还好。但是一旦买了房子以后你就必须得节衣缩食，甚至于打两份工、三份工，要去挣钱还房贷。这样从宏观来讲，整个国家的消费水平是不是降低了？我们讲要扩大内需，但是大部分的钱都到房地产那里去了。房地产这样无序的、不可控制的发展，其实造成了中国整个经济的畸形。另外，高房价实际上跟政府有关，因为根据一些专家的估算，高房价里面的30%甚至于更多实际上是到政府手上去了。政府搞的所谓土地政策，5年7万亿的买卖土地收入，这个7万亿并不是在全国所有的城市、所有的地方大家平摊，这7万亿主要集中在北京、上海、广州、深圳或者还有南京、杭州这样一线城市，所以这是一个很惊人的数字。

4. 政府难以干预房地产市场。

当一个市场真正形成之后，政府对这个市场的干预其实是作用很小的。只要有需求，只要有钱进入，这个市场必然存在。而且这个房地产市场已经做大，里面有地方政府土地财政的需要，地方财政实际上是它的后台。所以，房地产市场你是控制不了的，遏制不了的。

那么政府的办法是什么？我举一个例子，新中国成立初期陈毅到上海当市长，那个时候有很多米店，米店的老板就使坏，囤米不卖，让米的价钱急剧上涨。陈毅市长一开始也限价，但是一看不管用，最好的办法是到老解放区，到东北调来了大批的大米，平价出售，质量又好，价钱又便宜，结果粮商囤积起来的米再也卖不出去了，这是三十六计当中的“釜底抽薪”。所以，政府需要做的是只需要把社会政策，就是把保障性住房这一块做好了，这个房地产市场自然就会正常起来。

二、住房问题是一个政治问题

1. 关于居住权与资产拥有权的政策

住房问题是一个政治问题。《世界人权宣言》说：“人人在各国境内有权自由迁徙和居住。”所以我们讲的居住不仅仅是一个有房子住的问题，还包括了迁徙，就是说流动，外来人口不要觉得自己低人一等，你也是城市的一个市民，你的这种迁徙居住权在国际惯例上，在联合国那里是受到保护的。《世界人权宣言》也宣布：“人人得有单独的财产所有权以及同他人合有的所有权，任何的财产不得任意剥夺。”就是说资产拥有权其实在《世界人权宣言》当中也是得到保障的，这个宣言我们国家是已经签了字的。在“十七大”报告里面，只提了“健全廉租住房制度，加快解决城市低收入家庭住房困难”。我们觉得有一点遗憾，因为所有的人都说经济适用房不好。另外是“创造条件让更多群众拥有财产性收入”。财产性收入是什么呢？当然有股票，有国家的债券，有银行的储蓄等等，但是最大的财产性收入可能还是房产。

最近出台的关于“十二五”的规划建议，说要“加强土地、财税、金融政策调节，加快住房信息系统建设，完善符合国情的住房体制机制和政策体系，合理引导住房需要。强化各级政府职责，加大保障性安居工程建设力度，加快棚户区改造，发展公共居民住房，增加中低收入居民供给，加强市场监管，规范房地产市场秩序，抑制投机需求，促进房地产产业平稳健康发展”。在这个里面我们可以看到，其实我们在住房方面下的决心越来越大。

2. 有恒产者有恒心。

最近几年我们在媒体上也经常可以看到“中产阶级”一词，“中产阶级”是社会学的一个名词。社会学上有一种说法叫“橄榄型社会”，橄榄的顶上是富裕阶层，最下面的叫贫困阶层，中间60%左右应该是中产阶级，工人阶级，蓝领阶级约占到中产阶级的20%。随着现代社会的发展，蓝领工人越来越少，而白领越来越多。中产阶级从事专业性、管理性和行政性的工作，在发达国家当中他们占人口的大多数，占60%甚至70%、80%。而且中产阶级在发达国家都被认为是一个很光荣的事，所以中产是一个社会的主流。在一些国家，对中产的认同度就非常高，像日本，你到街上去问，你只要有一个职业，有一个比较稳定的收入，有地方住，基本上都被认为是中产。你到印度去问，印度几乎都认为自己是中产，不说自己是中产会觉得很丢脸。有一个统计，印度有90%的人认为自己是中产，实际上是什么呢？有一口饭吃就是中产了，他们的要求很低。

我们国家也考虑到这个问题，我们谈的是中等收入阶级，没有讲中产阶级。我写过一篇文章讲中产的，《人民日报》给登出来了。也就是说“中产”这个词在国内得到越来越多的认识。中等收入阶级和中产阶级有什么区别呢？就是财产。孟子说：“民之为道也，有恒产者有恒心，无恒产者无恒心。”翻译成白话文是：老百姓的道理（规律）是这样的，有稳固产业的人才会有道德观念和行为标准，而没有稳固产业的人就不会有道德观念和行为标准。所以，有没有资产，对一个人，对一个家庭来讲意义是不同的，“有恒产者有恒心。”美国有一个社会学家迈克尔·谢若登，他写了一本书叫《资产与穷人》，他说："收入可以满足人们短期的基本需求，但它无法改善长期的状况，无法实现人们对发展的本质需求，所以要达到社会政策的基本目标不能只依赖于收入的维持，还要依靠资产的建设和积累，资产建设的实质就是要通过政府的政策为政策对象启动资产的积累。"他把这个观点告诉了克林顿，克林顿很赞成，但是克林顿自己行为不端，最后下台了，没有实现。迈克尔·谢若登说了什么呢？你要帮助穷人的话，给他钱还不够，你要给他建立起自己的资产，他有了资产对生活就会有信心，一切就会改变。没有资产的人是随波逐流的，他不去想很多的问题，这个问题可能在美国就更现实。比如说美国有很多的穷人，他就想着我能够挣到一个星期的饭钱，然后就玩去了，钱花得没有了又去做工，有很多的行为就是这样，为什么会这样呢？因为他出生以后看到他的父母就是这样过日子，所以他也就这样过日子。

所以，中产阶级跟中等收入者的区别就在于他一定要有资产，这个资产包括储蓄，包括债券，也包括股票这些金融的资产。当然，更重要的是不动产，不动产就是我们的住房。其实这个问题应该是在1200多年前，杜甫在他的《茅屋为秋风所破歌》里面就说过，所以这也是中国人的一个传统文化，他讲："安居乐业"，安居是放在乐业前面的，甚至安居是乐业的前提："安得广厦千万间，大庇天下寒士俱欢颜！风雨不动安如山。呜呼！何时眼前突兀见此屋，吾庐独破受冻死亦足！"何等的胸怀！"只要天下的人能住得上房子，我就算是冻死了也安心！"我们现在反而没有这种胸怀了。

3. 新加坡"居者有其屋"的经验。

给大家讲一个李光耀的故事，有一次台风袭击新加坡，李光耀开着车出去视察，那个时候是20世纪60年代，街上的小店小铺还很多要上门板，但是台风一来，把搁在家门口的门板给刮走了。李光耀看到一个店主豁着命去追那个门板，狂奔100多米总算把那个门板给捡回来了。当他高高兴兴地扛着门板往回走的时候，李光耀就很感叹，老百姓为了一块门板都如此的拼命，我们这个党如果能够给新加坡的居民一人一套房子的话，那么我们这个党就永远立于不败之地。果然，人民行动党就建立了一条政策，叫“居者有其屋”。我们在短时间内也提过这个口号，但是后来改为“居有其所”，往后退了。现在全世界住房政策最好的是新加坡，新加坡有“组屋”，平价卖给老百姓，所有的人都有了第一套房子，现在政府已经开始第二循环，让大家买第二套房子，买第二套房子为什么呢？因为新加坡是一个旅游城市，第二套房子老百姓可以出租，这是一个生计，而且是一个长远的生计，对老百姓来讲是一个有稳定收入的生计。

我们不要把住房看成就是“居有其所”，我觉得后面还有一个很深刻的道理在里面。为什么说住房问题是一个政治问题呢？新中国成立60周年的时候我看了《毛泽东选集》，当时也在想这个住房政策的问题，后来我就有一个发现，在大革命的时候，也就是说国共合作北伐的时候，毛泽东在农民讲习所对中农采取嘲笑的态度，说中农是既不革命，也不反革命，有很多对中农漫画式的描写。但是，到了井冈山建立了根据地，毛泽东写的第一篇文章就讲到要扶持中农，尤其是在革命中打土豪分田地，要使分得田地的中农成为苏区建设的主力。

为什么有这样的变化？再想一想解放战争，国民党800万军队为什么被打败了呢？大家也知道是农民推着独轮车把解放军送过长江的。为什么农民这么拥护共产党，这么支持解放战争？原因是共产党给农民分地了，分房分地搞土改了，农民为了保护自己的胜利果实才这么做的。改革开放搞包产到户，农民虽然还没有土地的所有权，但是有了土地的使用权，跟过去集体生产的时候完全不一样了。从这里面可以总结出一条规律来，这几个时刻都是共产党非常辉煌的时候，这个辉煌建立的基础是使老百姓有了自己的财产，有了自己的财产，从无产者变成了有产者，所以这个时候中国的革命就往前进，中国的建设也往前进。所以说，住房问题其实是一个政治问题，如果政府把住房问题解决好了就会得民心。

三、中国政府社会政策：前瞻与愿景

1. 住房政策关注的应是保障性住房。

中国住房政策应该怎么办？首先，我们必须建立一个概念：住房政策不是房地产政策。住房政策是社会政策，房地产政策是经济政策。当然，用我们现在的政策语言来说，住房政策叫保障性住房，房地产政策是商品性住宅。经济政策是靠市场去操作的，社会政策是要靠政府去运作的。温总理曾经针对“房价总理说了不算，总经理说了算”的说法说了这么一段话：“房价来讲有政府应该管的一部分，有市场应该管理的一部分，总理应该管的主要是保障性住房，解决的主要是中低收入者的问题。”我们可以看到，总理其实是承认了房价总理说了不算，总经理说了算的，总理要管的是保障性住房，不是房地产市场那个高房价，这不是他管的事。看起来总理是有决心的，明年我们建的房子50%可能是保障性住房，真的把保障性住房建起来了，老百姓可以不用去关心房价到底多高，那些是有钱人的事，那些是吃鲍鱼，吃鱼翅的事，只要我有保障性住房，只要我有房

子住，而且它能够成为我的财产就行了，老百姓就没有那么多怨言，房地产你爱怎么涨就怎么涨。

不过保障性住房现在也很复杂，有廉租房，有公租房，有经济适用房，北京还有两限房，就是限面积、限价钱，还有其他名目繁多的。但主要是三类：廉租房、公租房和经济适用房。龙永图说过一段话，这段话在中国影响很深，但是我认为他的这段话把政策的方向引错了。他说："中低收入者买房不现实，我租房住四十多年……即使在美国这样的发达国家，中产阶级普遍比较富裕，租房的也占40%或者更高。"我觉得他的讲法是错的，他租房四十多年有两个原因：第一，他讲这个话是改革开放三十多年左右，前10年大家都租房，一直到停止福利分房，当然都是租房子住，而且龙先生租房住跟我们普通老百姓租房子那是一个概念吗？第二，龙先生长期在国外，他长期在联合国总部谋事。当然，也许国外对外交官也有限制，他卸任之后也不可能住在苏黎世，因为这涉及很多的国家机密。他既然不能长期在那儿住他会买房吗？国外租房的人很多，但是有一个基本条件，就是国外的流动大，欧洲人流动大，欧洲现在有欧盟，欧盟建立起来了以后所有的人在欧盟之内打工是随便走的，所以租房子住的人相对来讲比较多。我觉得龙先生说在国外租房住的人多，因为他在联合国办事他周围的这些同事都是从世界各地来的，而且都不会在那儿住一辈子，所以都是租房子住。美国人不买房吗？美国人不买房怎么会出现美国这次的经济危机呢？这就是说美国人也是爱买房的，美国这次金融危机是怎么来的？就是因为银行放松了，就是要推动所谓的经济发展，银行就对房贷审查不严了，如果是按照正常生活的话，某人是能够付得起按揭的，但是如果经济一波动的话他可能就有问题。正好在2007年年底到2008年的时候，世界的粮价上涨，汽油价格大幅度上涨，这两样东西对美国人来说是最基本的生活必需品。因为这两个物价上涨带动了其他的物价都上涨，上涨之后美国人付按揭就出现问题了。付按揭出现问题本来也没有关系，银行把房子收回去，然后再拍卖就行了，但是恰恰这个时候因为全球经济看低，这个房子拍卖不出去，结果银行也不景气，也倒闭了，就这样产生连锁反应。当然，整个金融政策里面，包括整个金融的体制里面美国有很多问题，这样一下全部给引爆了。我计划在一个地方长期发展的话，比如说我在广州打工十几年，我的生活基础都在这儿了，想在广州长期地居住下去，生活下去，那么我一定会买房，因为租房并不便宜，我加一点钱就够按揭了，那么我咬着牙把这个首付给付了，那么我就有财产了。不做长远打算的人他就不买房，我只是到广州来看一看，如果有机会我就在这里工作，没有机会我就走，我当然就租房子住了。所以，买房或租房跟他的收入有关系，但不是绝对的关系，在一个国家里一个最基本的道理就是，中等收入的人应该买得起房，花5年、10年的工资就可以买到一套房子，这才是正常的现象。

2. 各种保障性住房的比较。

廉租房的对象实际上受到收入跟面积两个限制，整个北京市符合条件的只有24 000人，从某种意义上来讲为他们专门去建房子是没有必要的，北京市的房子难道不够这24 000人住吗？比较好的政策是让他们自己去租房子，然后政府给住房补贴，这是一个最好的政策。廉租房有一个什么坏处？就是政府人为地把低收入群体聚集到一起了，这在国外是有教训的。二次世界大战之后，发达国家统统去建香港人讲的“公屋”，把低收入人群聚集在一起，这些房子由于本来投资就少，里面用的材料质量可能不会太好，所以很容易坏，坏了之后没有物业管理，没有人去维修，所以这种房子很容易坏。你现在到美国任何一个城市总有人告诉你，晚上你千万不要到哪儿哪儿去，这个地方就是贫民窟，你去了以后可能会有危险。为什么？这些地区通常是以前的公屋，有一点能力的人都会搬离这些地方，剩下的房子就逐渐被社会底层的人占据，从事贩毒、卖淫等等，所以去的话就可能会有危险。当然，我不是说中国一定会这样，但是从政治的角度去考虑，把低收入人群人为地聚居在一起其实是不明智的。所以，建廉租屋实际上用不了花那么大的力气，哪怕为24 000人全部去建新房其实也不是很大的事情。

再说一下公租房。回想一下我们的住房政策是怎么过来的，新中国成立的时候有很多国民政府的房子充公了，成为了公租房，在20世纪50年代、60年代的时候到处都是公租屋。但是有一个问题，政府不能持续投入很多钱去给老百姓盖房子，盖房成本收不回来，政府去盖这样的房子是很有限的。同样也出现了维修的问题，维修也需要政府的财政投入。因为政府掏不起这个钱，所以才出现了单位建房分房，但是这个也不是一个办法。公租房从政策上看，是一种退步，退回福利分房的思路上去了。公租房新的时候很好看，大家很高兴地搬进去了，5年之后、10年之后，里面的设施坏了，让政府投资去修的时候，那时候是一个什么景象？政府在基建、维修和服务管理方面都需大量的投入，所以很难用这种方式来满足居民的居住需要，所以这也不是一种明智的选择。

经济适用房的好处是什么呢？我卖给你了，这就是你自己的资产，以后出现的一切问题你自己解决。当年房改的想法，最基本的想法就是从这儿开始的。最好的办法是经济适用房，很可惜这个政策给腐败弄坏了。经济适用房这个政策还是一个很聪明的办法，政府对这个房子进行非盈利经营，我建起来这个房子我并不想挣钱，我把这个房子以平价卖出去，而且卖出去以后这个房子就成了你自己的资产。第一，你会很爱惜；第二，以后维修这些事全部是你自己的事。再往后看，中国人还很聪明，还有一个70年的大限，70年之后会怎么样我们没法说，但是它总是悬在头上的那一把剑。所以，经济适用房是一个比较好的政策，以前出现腐败的问题，是政策实施的问题，所有的领域都会出现这样的问题，那么最主要的问题是政府没有采取措施严加看管，所有的经济适用房在往外卖的时候也都是由房地产商自己去卖，政府没有真正去管这件事，而政府应该管的事就是这件事。

3. 阶梯式实现住房梦。

我主张阶梯式地实现住房梦，首先政府让你平价买一个小房子。我有两个主张，其中一个主张是政府对所有没有房的人、成年人都负有住房责任，不管你有钱没钱，摇号，摇到了你就去买。但是，如果住房改革的时候已经买了房的人，说明政府对你已经尽了这个责任，已经合理了，就没资格摇号。这个房子不大，使用面积大概是50平方米左右，有厕所，有厨房，因为现代社会，厨房、厕所是住房文明起码的标准。你买了小房子以后，随着你事业的发展，居住的人增加了，因为可能你生孩子了，五六十平方米的房子不够住了，那么这个时候你把这个房子卖出去，你再买新房。我主张这个房子就是你的资产，不要再去搞很复杂的政策，你买了就是你自己的资产，当天就可以拿到市场上去卖。大家想一想，房源多了以后，房价是不是就涨不上去了？

外地人怎么样？外来人口进来以后政府也不需要操心，只要把这个租房市场组织起来就行了。我到英国去，联排别墅那是英国特色，三层的，前后有一个小花园，很多英国城市里的市民他有一层就是出租的。我当时住在一个英国老太太家里，我去的第一天就有一个房协的人来跟我们一起吃饭，他就告诉我在这儿居住价钱是多少，要遵守哪些规矩等等。我走的那天，房协的人又来了，问我住得满意不满意，有什么意见。英国负责租房市场的房协是半官方的组织，有官方背景，但是，是以老百姓的名义组织起来的。它有这样一个市场的话，外地来的人也不愁没有房子可租。当然，我们现在讲“蚁族”，这是媒体的一种夸张，可是谁没蚁族过？我刚结婚的时候与太太两个人住的是9平方米，你说蚁族不蚁族？我在香港读大学，花3000元一个月租了一个房，只有一张床，因为我在香港理工大学上学，这儿离学校比较近，谁没蚁族过？一个外来人口刚开始的生活都是比较辛苦的。我们的人大代表一作秀，结果是这些“蚁族”没有地方可住了。我觉得要实现这样一个阶梯梦，首先政府有这样一个责任，没有房子的给你提供一套小房子，但是这套房子不是送给你的、租给你的，而是卖给你的，是你自己买的。然后在这个地方给了你第一步的基础，你逐渐去改善，你改善不了了，你也有房子可住，这是一个正常的住房社会政策，也是一个经济适用房的政策，也相当于香港的居屋，相当于新加坡的组屋。

4. 城市规划的不合理。

对于一个城市来讲，我们还要讲到城市规划。城市规划用社会学的讲法是中央商务区，围着中央商务区这一圈应该是中低收入者，有钱的人住到圈外去。这是一个正常的模式，但是中国的城市为什么堵车？因为中国没有钱的人住在城外，有钱的人要住在城里，没有钱的人天天要坐车去上班，所以怎么可能不堵车。广州跟北京、上海一样，只有越来越堵，你怎么修路都没有用，除非你按照这个模式去做。香港的弥敦道算是一个繁华的地方，但是住在弥敦道两边的有富人吗？铜锣湾一带很繁华，但是住在铜锣湾一带的有富人吗？现在我们把低收入人群都赶到城外去解决房子问题，这是一个绝大的政策性的错误。所以，城市的堵车是没法解决的。现在我们拼命地修地铁，地铁是好，但是地铁运行、修建，一直到以后的维修成本是很大的。香港的地铁找了很多人来合作，香港地铁的价钱可能是世界上最高的。中国现在的地铁还不多，所以我们咬着牙还可以坚持，如果所有规划中的地铁都建好了的话，运营肯定出问题，只有两条路：一是政府给予大量的补贴；二是提高票价，据说广州的票价已经非常可观了。为什么？因为地铁在市中心运行的时候，基本上有八成是满载的，但是当它延伸到郊区之外以后，由于郊区居住的都是穷人，他只有上班的时间是满的，中间是空闲的，所以它要亏本，这是一个必然的道理。所以，我们修地铁不是说现在投入大吗？将来的投入会更大。

新加坡是让老百姓拿自己养老保险积存的钱来买房子，拿按揭的钱来还，将来到老了肯定就还完了，养老保险仍然可以用来养老。现在我们虽然有住房公积金，但是住房公积金也算是养老金，到你退休的时候就一笔一笔的领出来。但是现在把我们的养老基金都用来给老百姓贷款买房子的话，大家想一想又会减轻我们多大的负担？

链接›››››››››››››››››››››››››››››››››››››

提问：您讲中国的土地收益5年时间产生了7万亿元，房地产是政府GDP最大的来源，现在中国的经济已经超过了日本，占到了世界第二位，以及中国畸形的收入分配。西方国家是强权，是自然的，有钱的人可能你没有权力，中国是有钱的人有权力，有权的人也有钱，所以他们形成正向的积累。我一直觉得中国至今是单位制，我也觉得中国的政府是在搞计划经济，对当前面临的各种问题，总是以转型，以处于社会主义初级阶段，以有很多问题存在为借口，我们一直呐喊市场经济，但是我们一直干着很多计划经济的事情，“居者有其屋”，我们何时可以实现？

唐钧：我们讲市场经济之后总认为市场是万能的，所以一出现问题我们就用市场来解决，总认为市场是最好的办法。但是1995年在哥本哈根也开过一次世界首脑会议，那时候的首脑会议它的题目是“社会发展”。在这个会议上达成了一个共识，就是市场不能解决所有的问题，尤其是不能解决贫困的问题。我觉得这是一个最基本的共识，但是在中国，我们觉得有一点被忽略了。首先的一个观点，市场不能解决所有的问题。我刚才讲社会领域所有的需求都要分基本需求跟高档次的需求这两个部分，其实市场只能解决上面那一部分的问题，下面这一部分我觉得主要还是要靠政府负起责任。政府其实要给所有人一个承诺，而对现实已经发生困难的人要给予帮助，我觉得这样才对。所以，我觉得一定要破除市场万能的这么一种观念。另外，在政策上该市场的我们不市场，不该市场的我们市场了。像住房，它有需求，有供给，但是我们政府始终没有去做这个市场。另外是二手房的市场，我们也没有去做，其实经济适用房要我说根本就不需要去建，政府去买二手房就可以达到目的，或者买二手房提供租金就可以达到目的。所以，中国常常有很多问题就是该市场的不市场，你不要说政府一管就是计划了。中央台有一个节目，张维迎和索罗斯在一起对话，主持人问，像金融危机的时候政府应该不应该干预？按照我们很多经济学家来讲政府应该干预，这就不对了。张维迎就按照这个思路去回答，政府在任何时候都不应该干预市场。主持人又问索罗斯，索罗斯说不对呀，如果政府不干预金融危机的话，那么我们美国在1929年的时候就完蛋了。结果把张维迎闹了一个大红脸。

所以，中国的经济学家有很多人是“市场原教旨主义者”，他们认为市场是万能的，但是在现实生活中没有这样的事。在这次美国的金融危机中，政府甚至出资，免了很多人的房贷大家知道吗？再告诉大家，在发达国家发展的过程当中都有这么一个阶段，政府用政策甚至用补贴来帮助蓝领工人买房子。比如说德国采取一个政策，蓝领工人要买房子，政府给你免所得税甚至在有的地方拿补贴鼓励你去买房子。我有一个朋友最近在日本东京买了一套房子，他买的不仅仅是这个房子，而且连土地一起买了，当时我们折算人民币是300万元。我刚才反复强调它是连土地都买下来了，它没有使用期限。而且日本政府给了什么优惠政策？十年当中你买房的按揭本金要还，而且还要带利息，利息部分政府给你补贴了。所以，大家可以想一想政府对老百姓的住房负有什么样的责任，应该怎么做。总理现在是清醒了，他说他要管了，他现在很给力了，只要是党和政府下决心要管的一定能成功。

曾德雄：

公民有序政治参与

曾德雄　广州市人大代表，广州市社会科学院哲学文化研究所所长。1967年出生于湖北仙桃，1985年进入湖北大学中文系，1991年9月考入中山大学哲学系攻读中国哲学专业硕士研究生，1994年7月毕业进入广州市社会科学院《开放时代》杂志社任编辑，2001年任副主编，2007年任常务副主编。2003年9月考入中山大学哲学系在职攻读中国哲学专业博士研究生，2006年7月毕业，获博士学位。2006年11月当选为广州市第十三届人大代表。

精彩言摘

“什么叫公民？我觉得享有政治权利的人，能够参与政治活动的人就是公民。比如说我们要享有政治权利，我们会参与政治事务，我们如何享有政治权利参与政治事务呢？我们对公共事务具有监督权、参与权、决策权，如果我们做不到这几点，就不是公民。”

“中国社会转型的一个特质就是我们是从‘民’到‘公民’。‘公民’就是能够参与政治，我们不要谁来引导我们，我们要自己为自己服务，自己引导自己，自己完善自己，这就是我们未来要做的事情，也是我们现在慢慢养成的习惯。”

“公民如果能够做到有序参与政治，这就是我们自己为自己服务，这就是民主。民主就是说我们自己为自己的事情作主，公民自己为自己的事作主。现在大家好像把民主当作一种境界，但是民主不是一种境界，也不是一种道德的水平，而是一种生活方式，它背后有生活观念，表现出来的是制度。”

“权利有很多的菜单，有财产权、言论权、组织、结社、游行示威表达等等，但是财产权是所有这些权利最核心的一个权利。言论、游行结社、示威、抗议都是为了财产权，不是为了什么抽象的东西。承认了财产权，实际上就承认了你的言论、表达、监督等权利。所以，新一波的社会转型，我认为是从道德到权利，这个转型完成了没有呢？”

曾德雄：

在我国由传统的、农业的、封闭的社会，向现代的、工业的、开放的社会转型期间，公民政治参与将会使国家的机体更健康、更有弹性，使社会更有秩序，更和谐，更有活力，也使我们每个人更安全，更有尊严。我们要建设和谐的政治生态，要实现政治系统自身的均衡稳定，要使社会主义的民主能够顺利的运转，要促进经济社会的科学发展，全面建设富裕小康社会就一定要大力建设参与型的政治文化，扩大公民有序政治参与。

在《公民有序政治参与》一文中，曾教授将从“民”与“公民”的变化，从人民参与到公民参与到扩大公民有序政治参与来展现我国民主政治不断进步的历程。他还将向我们讲解公民有序政治参与的意义，描绘公众政治参与的前景，并且提供公民有序政治参与的有效途径。

“公民有序政治参与”这句话来自于党的“十七大”的报告，原话就是“坚持国家一切权力属于人民，从各个层次、各个领域扩大公民有序政治参与，最广泛地动员和组织人民依法管理国家事务和社会事务，管理经济和文化事业”。我觉得在这一段话里面“公民有序政治参与”是最重要的一句话，这句话里面又包含丰富的思想，其中有几个关键词，一个关键词就是“政治”，一个关键词就是“公民”。

一、政治就是公共事务

“政治”是什么？在我们国家，特别是我们这一代人，都把政治神圣化和神秘化了，以为政治是伟大的人从事的伟大的事业。从事这种事业的人都是很伟大的人，好像和我们没有什么关联。其实我觉得这是一个误区。政治是什么呢？政治其实就是大家的公共事务，很简单，它不神圣，也不神秘。我们现在经常把“权利”和“权力”不分，其实这两个是完全不同的概念，在英文里是两个不同的词，“权利”是“right”，权力是“power”。我和你是平等的，因为我们生而为人，天赋人权，都有同等的权利。

日本明治维新时期的思想家福泽谕吉的著作《文明论概论》里就解释了人为什么是平等的。现在我们走出家门，遇到一个人，界定了我跟他之间平等的关系，解释我们为什么平等，这个就是一种政治，只不过这是一种政治的观念。很显然，不管我们做什么，都离不开这些观念，这就是政治。但在中国古代可不是这样，或者在现在世界各地有些地方也不是这样。它会考虑某人是著名教授，他是长者，他是权威，我要听从他、服从他，这是另外一种关系，也是政治。所以，我们一旦步入公共领域就开始进入了政治的生活，进入的政治的场景，我们是离不开政治的。

另一方面，政治更多是一种公共事务。比如说，我们要修一条路，这条路要不要修？找谁修？要修一条怎样的路？花多少钱来修？这就是公共事务。我们怎么来决定这个公共事务呢？我们会有一部分人会来决定来修这条路，但决策的人会不会有个人利益在里面呢？因此决定必须交给另外一个人去审议一下，审议批准同意之后，再反过来由他来主导实施。还有一部分人说在这个实施的过程当中如果出现问题怎么办呢？就由另外一部分人再决定出现了问题去追究实施者的责任，如何去处罚他，如何要他为自己的行为负责，这就是公共事务以及整个公共事务决定的过程。这个过程其实就是我们经常讲的政府、人大和司法机构所起的不同的作用，这就是政治，这就是政治的制度，它决定的就是我们的公共事务。

所以，政治一点都不神圣，也不神秘，和我们每个人都相关，我们每个人都在涉及着政治，都在参与着政治。所以，希腊的哲学家亚里士多德说过，“人是天生的政治动物”，他还说“人从本性来说就是一个政治动物”。我觉得他说得是很对的，我们就是一个政治动物，只要我们走出家门我们就涉及政治，我们就在参与政治。所以说，政治是不神秘的，也不神圣。

另外一个关键词就是我刚才讲的“公民”。我认为享有政治权利的人，能够参与政治活动的人就是公民。比如说我们要享有政治权利，就会参与政治事务，对公共事务具有监督权、参与权、决策权。如果我们做不到这几点，就不是公民。但是，在中国传统社会是没有“权利”这个概念的，只有政治权力。我们对权利的了解、体会都是五四运动之后引入的西方的一些思想和哲学。在中国传统的社会里面也没有“公民”的概念，只有“民”的概念。“民”和“公民”有什么区别？我先简单地介绍一下这个“民”，然后再介绍一下中国传统政治的观念和运作的模式。

二、中国传统政治以道德为核心

1. 先秦政治视世袭为合法性基础。

中国传统政治里面是有“民”的。关于“民”，在中国儒家里面有大量的说法，其中最典型的一个概念是“民者，瞑也”。意思就是说“民”是昏暗无光的，很落后、无知、愚昧的人才叫“民”。这个思想在先秦的儒学里面是很多的，例如孟子说“使先知觉后知，使先觉觉后觉”，既然“民”是一些很愚昧的人，所以就必须有一些很聪明的人来领导他们，来保护他们。这就是先秦儒家的政治影响，叫做“作之君，作之师”。“作之君”的意思就是作为一个君主，要负责广大民众的生育长养，要保护民众，抚育民众。“作之师”则指君主同时还是一个老师，除了要让民众生长以外还要教育民众，教他们做一个善人，做一个有德的人，也就是孟子说的“驱而之善”，把民众像羊群那样往善方面驱赶。中国古代有一个官叫“牧”，这个官的职责就像是放羊人一样在引导群众。另外有一个官叫“群”，“群”是一个“君”和一个“羊”组成的，这个君就是有德之人，有道之人，他就负责民众的生育长养，同时教育民众的人，那民众就是羊，“君”和“羊”在一起就成了一个“群”。我在这里也说说自己的感受，我基本上是不用“群众”这个词的，这个词把民众当作是很愚昧、需要引导的一类，是不符合现代政治观念的一个词，我一般用“公众”。从这里我们就可以看出，“民”是什么样的地位，“群”是什么样的地位，只要看《论语》、《孟子》、“四书五经”就可以看出来。

在这里我稍微介绍一下儒学的转折，我觉得这对我们更深刻地了解中国的传统政治观念以及运作是很有帮助的。前几年兴起了所谓的国学热，个个都在讲儒学，但是儒学在中国有相当多的转折。在先秦时期儒学不是显学，只是诸子百家中的一家，而且是很不重要的一家，甚至可以说是旁门左道。在座很多人应该都看过电影《孔子》，孔子的际遇是很不好的，他做官的时候遭人排挤。后来孔子周游列国，目的就是想当官，可是没有人愿意请他做官。当时有人说孔子是知其不可为而为，甚至有人说孔子是丧家狗。然而在汉武帝时期有一个很重要的文化政策决定了中国几千年的政治文化传统，那就是“罢黜百家，独尊儒术”。为什么叫“术”呢？因为这些哲学流派本质上就是一个治理的手段和工具。“罢黜百家，独尊儒术”的原因则涉及中国传统政治和传统文化，甚至整个中国历史在秦汉之际的大转折，这个转折对我们的影响是一直存在的。

在先秦，包括秦，就开始讲究政治的合法性，所谓的合法性就是君主凭什么有那么大的权力。在先秦，包括秦的这种政治合法性，都是世袭的，我的祖先是官，是皇帝，是仁君，他把这个位置传给我，我就天然的具有这个权力，它的合法性依据就是世袭制度。所以，法家有一个思想说权力的尊卑等级就像帽子和鞋子的关系一样，哪怕这个人再坏，他是皇帝，他是仁君，哪怕你这个帽子再破，你这个鞋子再新，但帽子总是戴在上面，帽子总是比鞋子高，这就是绝对的君权独尊。权力是世袭制没有道理可讲，你的祖先掌握这个位置，哪怕你是一个很愚蠢的人你也是这样。这就叫做“冠虽敝，必加于首；履虽新，必贯于足”。

2. 汉朝开始政治以道德为合法性基础。

这种政治观念和模式传到汉朝就遇到一个很大的挑战。因为汉朝的开国皇帝刘邦是一个布衣，一个平常老百姓，没有显赫的家族背景。《史记》上连刘邦的父亲母亲叫什么都没有写，都是平民。因此刘邦做皇帝的合法性就遇到一个很大的挑战，你凭什么可以做皇帝呢？这个还不仅仅是一个政治观念的问题，还涉及他的统治能不能稳固的问题。刘邦之所以杀了韩信以及其他的一些功臣，就是那些人都在蠢蠢欲动，大家都认为既然都是布衣，你可以做皇帝我也可以。《史记》有一个故事说，刘邦当了皇帝以后宴请文臣武将，“臣饮酒争功，醉或妄呼，拔剑击柱”，大臣喝醉后就把剑拔出来把柱子乱击。“高帝患之”，刘邦心里很担忧，这些人完全不把他放在眼里，因为刘邦的合法性依据与从前相比有了变化。汉初辕固生与黄生有一个著名的争论，前者代表儒家，后者代表道家，当时的争论就是在讨论汤武革命，黄生以君尊臣卑理论说汤武是臣子不可以杀君，辕固就认为汤武顺应天下之心而诛桀纣，是受命，如果君没有德，任何人都可以推翻他。这个争论本身就表明当时在政治合法性这方面大家的思想是不够统一的，这直接威胁到刘汉政权初期的权力基础以及权力的巩固性，寻找新的政治合法性成为了汉初统治者迫在眉睫的事情。

汉初尊奉的是黄老刑名之术，“刑名”就是继承秦朝的做法用法家的严刑峻法来维护自己的权威，动不动就杀人、腰斩。但另一个问题是，他们为什么要遵奉黄老之术？黄老之术就是我们现在说的道家，当时汉朝统治者要休养生息，连年的战乱让生产受到很大破坏，必须要用道家的无为而治来休养生息。这个说法是很有道理的，汉初经过休养生息以后社会的确得到了很大的发展。但是我认为其实当时信奉这个黄老之术的目的就是为当初汉朝统治者的政治权力寻找一种合法性依据。道家是讲柔弱胜刚强，“上善若水”是老子的话，是以弱胜强。这种思想是能很好的解释刘邦由卑弱地位爬到权力顶峰的经验，很好地解释了汉朝统治者获得权力的正当性。所以，我觉得当初汉朝统治者信奉黄老之术的根本目的是在这里，是为自己缺乏世袭传统，由布衣而登天子之位寻找的依据。

但是从另外一个角度想一想，如果一个人做了皇帝，时间很久了，他还愿意不愿意承认自己是柔弱胜刚强呢？他是很难承认这个事实的，就像我们现在一个人做了大官，或者做了老总、董事长，还总是提他以前只不过是一个走鬼什么的，他是很不高兴的，他很想把这个忘掉。所以到了汉武帝时期，汉武帝对这个开始有了怀疑，开始想改变这个局面，不要再提以弱胜强。那个时候儒家还没有被奉为正统至上的地位，汉武帝希望知识分子来解释一下他的困惑。后来很多人提出了各种各样的对策，儒生董仲舒写了三篇对策回答汉武帝的三次征问，也就是“天人三策”。董仲舒最重要的观点就是刘邦能当上皇帝不是受命于人，而是受命于天。但凭什么你可以受命于天呢？就是因为你的道德是最高的，所以你才受命于天，别人的道德都没有你高。董仲舒有一个说法是“明易姓，非继人，通以已受之于天也”。“易姓”就是改朝换代的意思，“非继人”不是从前人那里继过来的。那是从哪里来的呢？都是受命于天，是天给你的。所以后来我们老是说皇帝是天子，“天子”的说法就是来自于这里。

这个思想跟先秦儒家有一些类似，先秦儒家也讲“大德者必受命”，但是先秦儒家讲这个东西的时候主要是从治道的角度出发，就是希望这个仁君做一个有德之人，你要做仁君，你要少收税，并没有涉及政治合法性也就是政道这个方面，到董仲舒这里就从治道转移到了政道来解释政权的合法性依据。因为你具有最高的道德，所以才受命于天，你不需要从前人那里继承过来，这就是他给皇帝的一个解释，给汉武帝的一个解释。这个解释皇帝当然是非常喜欢的，这比受命于人还好，受命于天的权威性更高。因此汉武帝就“罢黜百家，独尊儒术”，把儒术摆到了正统的地位，从此以后儒家就是主流意识形态。

因为你有道德，所以你才受命于天，那么这种道德是一种什么样的道德呢？这就是我们现在最耳熟能详的说法，就是“为民”——全心全意为人民服务。中国对皇帝的最高道德要求就是“为民”，比如说“安乐民者，天予之”，你的道德足以安乐民者，能够使民众安乐，所以上天才把天下给你，如果你的道德不能够做到这样的话，天就不会把这个东西给你。中国传统政治里面，道德的合法性就是“为民”，“为民”就跟儒家先秦哲学的思想已经很好的联系在一起了。因为“民”就是那些很愚昧无知，很弱小的人，本身就是要听从有德之人的影响，听从有德之人的教育。孔子说：“君子之德风，小人之德草。草上之风，必偃。”就是说君子就像风，小人就像草，风吹过草，草马上就随风摇摆。这种思想在汉朝，在董仲舒这里进一步发扬光大，其中最典型的一个说法就是“为人主者，居至德之位，操杀生之势，以变化民”。“人主”就是皇帝了，“操杀生之势”就是掌握了世上的生杀大权，就可以改造人的思想，左右人的行为。董仲舒还有另外一个说法，“人主”对社会的掌控，对社会的治理，民众对皇帝的服从要“如臂使指”，就是就像手臂要求手指动，手指就必须动，达到这样的效果才是最好的效果。

但有人说你可以全心全意为人民服务，我也可以的。董仲舒有另外一个说法叫“德不可共，威不可分”，这种德是不可以共享的，只有我一个人可以独享。这种权威是不可以分享的，只有我独此一家。中国传统政治最大的特点，就是君权独尊，独此一家，至高无上。没有哪一人比皇帝高，甚至没有哪一个人可以跟皇帝平级。君权独尊秦始皇建立的，“皇帝”这个称呼是秦始皇才建立起来，“皇”和“帝”是指天上的神仙，先秦时期的国家统治者是叫“君”，但是到了秦始皇才开始又称“皇”又称“帝”。先秦的国君也不是君权独尊，那时还有元老院这样的机构。现在的考古也发现，当时还有一种叫做“诽谤木”的东西，鼓励天下人在木牌上刻写对君王的批评意见。现在说诽谤是一个贬义词，其实在那个时候诽谤是一个褒义词，至少是一个中义词，我有话要说，就去敲一下木头。

秦始皇确立君权独尊以后，从此中国几千年就受这种君权独尊的影响，我们目前还在受这种君权独尊的影响，一直没有什么改变。毛泽东曾经写过一首诗，“劝君少骂秦始皇，焚坑事业要商量。祖龙魂死秦犹在，孔学名高实秕糠。百代都行秦政法，《十批》不是好文章。熟读唐人《封建论》，莫从子厚返文王”。千年以来我们都是在依照秦朝的政法，这种君权独尊就是秦始皇确立的，但是它的合法性依据是汉朝汉武帝时期确立的。这种以董仲舒为代表的合法依据，成为了中国传统主流的意识形态。我们老是说意识形态，意识形态是什么意思？其实就是政治的合法性，就是指你有什么样的政治权力，你凭什么有这样的政治权力，还有一个是你如何行使政治权力，对政治权力的合理性的解释、规定。整个中国历史一直就是君权独尊，之所以独尊是因为这种权力来自于天，来自于“为民”。

3. 传统中国只有“民”，没有“公民”。

由此可看出，“民”和“公民”是有很大区别的。“民”是没有资格参与舆论政治的，因为“民”愚蠢、无知。不仅不可以参与政治，甚至不可以对君权独尊表示怀疑，不能对皇帝发表批评意见。反对君主就是大逆不道，因为一方面威胁了君主的权力，另一方面是因为君主本身是最有道德的人，反对君主，那么你就是不道德的，“不道德”这种评价在中国是最大的否定。哪怕是现在，在政治上，在法律上我们可以展开很多的辩论，我们有不同的观点可以反对很多人，但是在道德上我们谁敢轻而易举地去反对某个人？道德上的否定是一种最最根本的否定，大逆不道还有一个意思就是在道德上把你否定掉，对中国人来说，这是相当要命的一件事情。

秦始皇确立君权独尊，这种意识形态延续了中国的整个历史，虽然有改朝换代，但都是换汤不换药，这种情况在鸦片战争时发生了变化。通过鸦片战争我们才发现外面是另外一种世界，而且他们是另外一种观念，是另外一种做法。鸦片战争爆发没有多久，有一个官员叫冯桂芬的，他说原来这个地球上不是只有我们一个国家，而是“诸国同时并域”。以前在中国人的观念当中，我们是天下唯一的，其他地方都是一些很野蛮的人，甚至不是人，北方是狄，西方是戎，东方是夷，南方是蛮，都是未开发的人，只有中原地区的人才是真正有文化的人。结果到了鸦片战争，西方的坚船利炮打进了中国的大门，我们才知道不是只有我们这么一个国家。这个观念非常重要，直接动摇的是君权独尊。君权独尊的思想有个前提就是大一统，就是天下无外，就是整个天下都在我的掌控当中，如果有一个人不被我掌控的话，我怎么可以做到君权独尊呢？然后是人心无外，人心无外的意思就是说全天下的人都必须服从我，如果有一个人有二心，我怎么可以做到君权独尊呢？所以在中国的历朝历代对社会的管制都毫不留情，只有做到天下无外，人心无外，君权独尊在逻辑上才能成立。但是鸦片战争却突然让人发现，世界上同时有这么多的国家，不仅只有清朝皇帝，还有英国的皇帝，你的君权凭什么独尊？这个事实发现对中国传统的历史、政治是一个很大的冲击。虽然元清都是外族入侵，但是他们进来以后都吸收了儒家的思想，而英国人进来以后没有像我们一样。他们不仅否定了我们，还打了我们。因此李鸿章说当时是“三千年未有之大变局”，这句话说得非常对。只有经历过鸦片战争，打开国门，我们才知道世界上还有另外的一种政治模式，另外一种做法。

三、从熟人社会向陌生人社会转型

1. 陌生人社会最高的权威就是法律。

现在的中国是什么样的社会呢？官方的说法是社会主义初级阶段，其实在学术界有一个说法是中国现在正处于转型社会，转型社会的意思就是说旧的东西已经打破了，但新的东西还没有形成。从积极的角度来讲，它正在形成当中。这个转型，我们可以从很多的角度来给它下定义，我自己有一个比较好理解一点的定义，我认为中国社会的转型可以看作是从一个熟人社会向陌生人社会的转型。

熟人社会是一个村落社会，只有在村落里面才是熟人社会，各个人都认识。一个村落往往是同一姓，是一种家族式的社会，这种家族式的社会就是由血缘宗法来确立人与人之间的关系，确立行为的规则，确立社会的组织。族长是老大，因为族长年龄大，辈分高，这种就是中国传统社会。中国传统有一个说法叫“家国同构”，朝廷其实就是一个家庭、一个村落，就是所谓的“家天下”。古代的帝国也就是“家天下”，皇帝的儿子分封各地，亲朋好友个个都升官。在政治上朝廷也是一个家族，也是一个村落。这种国家在现代社会里也还有，譬如朝鲜。中国传统社会是一个村落社会，它的维系与社会规则的制定靠的是道德权威。而现代社会是陌生人的社会，我们早就走出村落了，打交道的全部是陌生人。在陌生的社会里面，从哪里去找权威？有谁可以说我是全天下的道德权威？没有任何人可以做到这一点。我们要靠一种具有普遍适用性的规则来确定我们之间的关系，确定我们之间的行为准则，最具有普遍适用性的规则就法律。法律面前人人平等，所有人都一样，不管我跟你认识不认识，今天我在广州，他在新疆，但是我们在法律上是平等的，所有人都受到法律的制约。所以，在陌生人的社会最高的权威就是法律，大家都必须服从。

那么，法律又是谁制定的呢？法律不是由几个天才制定的，从理论上、从道理上来说法律是我们所有人制定的，法律是一个契约。譬如现在规定办公室里不准抽烟，这就是一个法律，这个法律是我们大家共同的约定，是一个契约。我们大家既然能够共同参与法律的制定，能够共同形成这么一个契约，法律的制定人人有份，那么我们就是“公民”。所以，我认为目前这个转型社会是从传统的村落式的熟人社会向现在法制化的陌生人社会的转型。

目前中国社会相对于村落社会就是有大规模的社会组织和普遍的社会交往，社会组织越来越庞大，跨国公司出现了，普遍的社会交往也是，只要走出村落，就会遇到无数的人。举一个很有意思的例子，我有一个堂弟在广州打工，他要找女朋友，他的爸爸请了一个算命先生给他算命，那个算命先生掐指一算，说你的女朋友在西南方向。大家一听西南方向，很快就会反应是云贵川。但是我叔叔的西南方向不是这样的，他是指我们那条村的西南方向，只是另外一个村庄。这个例子很能说明在传统社会生长的人和在现代环境下面生长起来的人的观念、思维是完全不同的。从这个例子也可以看出，这种中国社会的转型在我们的生活中是随处可见的。我们由传统的村落式的熟人社会向法制化的陌生人社会转型，其特征就是出现大规模的社会组织和普遍的社会交往，不仅在中国而且是在全世界的交往。

2. 从“民”到“公民”转型。

“民”就是不能参与政治，他没有参与政治的资格，更加没有参与政治的途径。我有一个同学，在我们老家的一个乡镇做党委书记，他说在那里办事很难，要修路总是没有办法修成。我给他建议说可以大家共同来开会商量，他说不行，那些人没有这个素质。这就是中国人根深蒂固的思想，认为公众是缺乏参与政治的素质，缺乏参与政治的能力，必须有强势的领导去引导他们，去指挥他们。通过这样一些分析就可以发现，我们从来都是“民”，而不是“公民”，因为我们没有参与政治的权利，没有参与政治的实践经验，更加没有参与政治的途径。所以，这也是为什么在看到“十七大”报告的“公民有序政治参与”这句话时，我真的非常振奋，我觉得这对中国绝对是一个大的转折。

从另外一个角度，中国社会转型的一个特质就是我们是从“民”到“公民”。“公民”是什么？就是能够参与政治，我们不要谁来引导我们，我们要自己为自己服务，自己引导自己，自己完善自己，这就是我们未来要做的事情，也是我们现在慢慢养成的习惯。我曾经跟美国一个著名的华人教授探讨过一个问题，假如有一天公众会说我自己为自己服务行不行？公众如果有这样一种观念，那么我们这个社会就已经是相当的进步了。

然而，我们如何为自己服务呢？这就是我们说的，我们要参与政治。如何参与政治？我们要决定自己的公共事务，这种公共事务体现为公共政策，所有公共政策跟我们每个人都相关，花的都是我们的钱，我们都是纳税人，这是一个很重要的现代观点。他花的是我们纳税人的钱，最后落脚点也在我们身上。在这个过程当中我们能够不参与吗？所以，我们要参与政治，通过参与政治来为自己服务。

3. 公民有序政治参与。

参与政治有哪些途径呢？我觉得这是要特别强调的，这就是“公民有序政治参与”的另外一个关键词，叫“有序”。我们可以参与政治，我们可以在网上发表言论，甚至动不动就找几个人上街走一走或者怎么样，从道理上说你有这个权利，但是这不是一种有序的参与，不是一种制度化的参与。例如现在的网民受到很高的重视，各级领导都很重视网友的意见，这是一个可喜的表现，证明领导对民意很看重。但是我们有没有想过，这种民意的收集还是不确定的，领导可以找你，也可以找他。比如说我也是一个网友，如果我没有被邀请过去，说不定我也有一点想法，我的意见这么好，但是我为什么没有被邀请过去呢？所以说，我们已经做到了参与政治，但是还没有做到“有序”。

怎么样才算是有序呢？这里有一个最重要的因素，“有序”就是选举。其实选举我们大家经常遇到，居委会的选举，业委会的选举，很多的选举我们都在参加，这个就是有序的，而且选举时有一套严格的规则。一提到选举可能有人就说公众素质这么差，我们能够选举吗？他们能够合法的选举吗？其实我觉得我们中国公众的素质是很好的，我们都很善良，而且都很平和，都喜欢有序。其实在延安时期就已经有过这样的选举，当时的苏维埃政府选举基层政权，很多人是不认识字的，选民每个人发10颗蚕豆，想选谁就在他面前的碗放蚕豆，最后看谁碗里的蚕豆多谁就当选。当时不认识字的人就这样选举，现在我们都认识字了，我不相信我们的素质就低到不能选举的程度。说中国人的素质太低，不能选举，我对这种说法一直是很反感的，因为我不认为我的素质差，我也不认为我们公众的素质差。像广州两三年前基层换届选举的时候，花都就出现了很好的选举氛围，竞选人组织了很好的竞选团队，这些年轻人真的很厉害，拟出了竞选纲领，组织了竞选活动。而且让我感到欣慰的是输了的人还去祝贺对手，然后说我下次再争取，这就是现代政治里面很可喜的现象。这是很积极的一面，当然我也知道在选举的时候一定会出现很糟糕的事，但是你不下水，你怎么才能学会游泳呢？我们都看过马克·吐温的小说《竞选州长》，可能我们的选举过程中也会出现像小说里面说的离奇的事情，但这个不应该成为阻挡我们前进的理由。

除了居委会、业委会等选举以外，还有一个非常重要的选举途径就是基层人大代表的选举。关于基层人大代表的选举其实在我们的国家法律上是有规定的，《组织法》、《选举法》都有规定，只要是合法的公民，有十个人联名推荐就可以成为候选人，《宪法》也有这样的规定，可惜这一条规定并没有得到很好的实施。但是我们并不着急，我刚才说目前是处于转型社会，只要有这个规定就代表我们在追求进步，一个社会的转型是很漫长的，尤其是像中国这样一个有几千年传统的社会。但是，我们国家已经把这个规定以法律的形式写下来，这是一个很了不起的进步。据我所知，已经有人在依法行使这样一个权利，最著名的是湖北的姚立法，他就完全是按照这么一个规定去选举，当然他在选举的过程当中也遇到很多的麻烦事情，但是他一直都实施过来了，他也当选了，这表明我们的社会是在进步的。还有深圳，深圳这个城市可能比较年轻的原因，那里有很多的热心人士，他们要参选。其中有打工仔，有企业家，有中小企业主，他们都跟我有过联系，要参选，我也跟他们座谈过，而且他们参选的依据就是法律依据，十个人联名推荐就可以成为候选人。而且深圳在前几年出现过两个很重要的文件，我觉得这对政治体制改革有很大的作用，一个是政府出的，一个是市委出的。其中有一个是说放开政府官员的竞选，就是说副区长拿出来竞选，还有一个更重要的就是放开一定比例的基层人大代表的名额，这才具有本质性，这就是人民民主，公民民主。从深圳想做这个事情我们就可以看出，这个社会是在追求进步的。

公民如果能够做到有序参与政治，那就是我们自己为自己服务，就是民主。民主就是说我们自己为自己的事情作主，公民自己为自己的事作主。现在大家好像把民主当作一种境界，比如说公司一起去吃饭要发扬民主，员工们都发表一下意见，这也是民主。但是民主不是一种境界，也不是一种道德的水平，而是一种生活方式，它背后有生活观念，表现出来的是制度。早期的民主是在英国形成的，英国人觉得皇帝老是收税，而且贪得无厌。收税之后国家就是跟其他国家打仗，英国民众说我们如果要纳税的话，就一定要有我们的代表，要对皇帝的决定有否定权，他们当时提出一个“无代表不纳税”的口号。之后就慢慢地形成了英国的议会民主，民众选出自己的代表，对皇帝的决定进行审议，这就是民主。民主是一种生活方式，跟我们每个人的日常生活息息相关。

4. 未来公众政治参与的前景：宪政、民主。

当把这种民主制度化，就是我们说的有序参与，这种政治模式就叫宪政。宪政就是宪法与法律至上，让法律来约束公众的行为，所有人在法律之下人人平等，没有任何的党派，没有任何的团队可以超越法律之上。民主宪政可以说是从五四运动到中国开始转型以来，几代中国人追求的一个终极的理想目标。现在老是说五四运动的口号是“科学”、“民主”，其实有学者借助现代的电脑做了一个统计，把“五四”前后十年的文章的关键词挑出来，用电脑来统计哪一个词出现的频率最多，结果他们统计的结果发现，出现频率最多的是“权利”，第二个最多的词是“自由”。大家知道“权利”和“自由”是非常紧密的一个概念，广东最伟大的先贤之一梁启超说什么叫“自由”，“自由乃权利之表征”，就是说我的权利没有受到侵犯的一种状况就是自由。在中国传统社会也好，在现代社会也好，我们的自由是经常受到侵犯的，我们的权利没有得到保证，所以大家没有得到充分的自由。“五四”的时候人们最向往的是权利和自由，接着是科学和民主。在传统社会，道德是社会生活的核心要素，我们从小被教育为共产主义奋斗终生，我们从小被教育要大公无私，等等，但是现在我们每天努力工作是为了让自己和家人生活得更好，为共产主义奋斗终生是道德目标，让自己和家人生活得更好，是我们自己权益的目标。

这个转型是在很早以前就有了，中间有很多的曲折，我们新一波的转型是从1978年改革开放以后开始的。改革开放有一个很大的变化是什么呢？改革开放一个大的改变就是国家容许人们致富，鼓励你富裕，在改革开放之前谁要追求致富绝对是资产阶级反动思想，追求富裕是一件错误的事情。改革开放之后追求富裕是一件正确的事情，而且还鼓励。这在思想上有一个很重大的意义，就是国家承认了我们财产权的正当性。所以1978年以后很多人开始蠢蠢欲动，开始做生意，而且马上有很多人富裕了。但是我们要想想，权利有很多的菜单，有财产权、言论权、组织、结社、游行示威表达等等，但是财产权是所有这些权利最最核心的一个权利，言论、游行结社、示威、抗议都是为了财产权，不是为了什么抽象的东西。承认了财产权，实际上就承认了你的言论、表达、监督等权利。所以，新一波的社会转型，我认为是从道德到权利的转型。这个转型远远没有完成，最典型的例子就是前几年陕西有一对夫妻在家里看黄碟，警察冲进去把他们抓起来了。这就能说明中国转型社会的特质，在传统社会道德是核心要素的时候，道德标准是唯一的标准，夫妻看黄碟肯定不能说他是道德，于是公权可以用道德的名义来干预你，处罚你。这种事情在中国以前是很多的，很多人因流氓罪被判处徒刑，开除公职，开除学籍，一辈子基本上完了。

在权利社会，权利是一切社会生活的核心要素。我们的行为动力是权利，我们评价行为标准也是权利，你凭什么说你的行为是正当，他的行为是不正当呢？评价的标准就是一个，就是你的行为有没有侵犯他人的权利，如果你的行为侵犯了他人的权利，那么你的这个行为就不是正当的；如果你的行为没有侵犯他人的权利，那么你的这个行为就是正当的。以道德的标准来看，夫妻看黄碟当然要抓。但是以权利标准来说，夫妻在家里看黄碟没有影响任何人，没有侵犯任何人，这个权利就是正当的，没有任何人可以干涉。所以，这个新闻在网上引起一片哗然，警察是站在道德的立场去干涉、处罚他们，网友是站在权利的立场去为他们辩护，后来警察就把他们放了。这个例子很典型、很生动地说明中国社会的转型，也能够说明传统社会是一种什么样的社会方式，是一种什么样的治理模式，现在的社会又是一种什么样的治理模式。所以，在传统社会道德是社会生活的核心要素，在现代社会权利就是人权才是社会生活的核心要素。我们的社会组织原则，我们的行为动力，我们的社会评价标准全部要站在权利的立场。当我们的重心放在权利立场的时候，我们会对同样的事情得出完全不同的评价。现在很多社会上的一些人发言，有分歧，其实就是站在不同的立场，特别是政府跟公众有不同意见的时候，政府往往很传统，都是站在道德的立场，公众则在权利的立场来发言，所以我们得出完全不同的结论。我有一个说法：权利既是文明的脚步，也是文明的标志，文明再往前走，我们的权利就越来越得到彰显，越来越得到保障，而我们本身也越来越文明。

链接

提问：我觉得政治参与的问题，说到本质上也是政治改革的问题。革命党如何向执政党转变，很想听听您对于这些问题的见解，谢谢。

曾德雄：从革命党向执政党转型，其实它背后也是我们中国社会转型的一个过程。第一个就是革命是什么意思？我们是用红色来作为我们党的基本色，红色就表示我有一颗红心。为什么说我有一颗红心呢？因为有一个道德心。而执政党就是以权利为核心，我很希望这个转型有切实可行的效果。第二个就是党内民主问题，其实在十多年前学术界、政界都对党内民主有一些说法，他们甚至涉及具体的操作方法，比如说党内民主要有党代会，村的书记要参与竞选，第三个是党的纪委书记要与被他监督的书记至少是平级的，因为现在的纪委书记是副书记，我是他的副手我怎么可以监督他？我监督他，他就把我炒掉了。这个在逻辑上是矛盾的。还有一种说法，以党内民主带动人民民主，我觉得这个方向是很对的，路线非常对，我也希望朝这个路线走，而且我也坚信中国社会前进的步伐就是这么走。我们党的中心工作是以经济建设为中心，我曾经说过，其实我们党的工作应该转为以权利建设为中心。我们这个社会要转型的话，真的是需要有这么一个带有主导性，必须有一个力量来引导我们这样做，这样可以少让我们走一些弯路。我非常的期待以党内民主带动人民民主，领导中国走向进步。

提问：第一个问题就是现在有序的公众参与问题，在转型，在过度，以道德为主转变为权利为主，我觉得是不是可以说现在的社会是道德和权利兼顾，而不是由哪一个为主向哪一个为主过度，只有这样才能做到和谐，才能做到有序。第二个问题，大家也都知道现在的公共秩序实际上是社会价值秩序的一个重要部分或者重要的一环，还有另外一个就是人类心理秩序，就是仁义道德，这两个应该都不能偏废，偏废了哪一个这个社会就没有办法做到有序的公众参与。还有一个问题，什么叫有序？说了很多的难题，我想根本性的难题还是我们公务员素质中的德，这个德再说得根本一点就是这些公务员有没有信仰，如果他有信仰，就不需要我们参与。所以，我认为根本性的难点还是信仰维系的问题，或者是叫精神层面这样的问题。

曾德雄：第一个问题，关于权利与道德这个问题是很有力度的问题，因为我在刚刚形成自己的想法的时候经常受到一些学术界同仁的诘问，他们的诘问让我明白了，把一个问题进一步理清楚了。现在老是说社会的核心要素是从道德到权利，我们不是说不要道德，而是说政治要从道德主导的政治转向为权利主导的政治。我们的政府也好，各级党政部门的目的不再是为了某一个道德的目标去运作，而是为了保护每个公民的权利，实现每个公民的权利。道德交给谁呢？交给社会，这个社会有很多宗教、志愿者团体、非政府组织等等。还是举黄片的例子，警察公权力就不要去管道德之事，这种事让谁去管呢？让他的父母去管，让居委会的大妈去管，而且也不能强迫他，只能说去建议。所以，我们必须要明确中国社会的转型绝对不是不要道德。其次，我们现在倡导一种新型的道德，这种道德不是说我要为人民服务，我要恩赐、施舍谁，我们一定要警惕这种道德优越性，其实无穷的道德诉求背后是无穷的权力诉求。我们现在确定一种新型的道德是什么呢？就是一种以权利为核心观。一个人要维护自己的权利那是很好的，推而广之，除了维护自己的权利，他还要维护别人的权利，我就认为这是很道德的人了。在这个基础之上他还要去帮助别人，去做一些慈善活动，我觉得他简直就是有更高道德的人，但是我们不能去强求他，你不能去侵犯别人，这个是我们的底线。我们不说你必须要怎么样，那个是我们没有办法达到的。

第二个问题是公务员信仰的缺失，我觉得不仅是公务员，我认为我们大众都是信仰缺失的。公务员的素质，我跟他们接触也比较多，他们也经常感到是有心无力，其实以现有的体制，现有的政治，这么一个宏观目标加在公务员个体上他们是承受不了的，全心全意为人民服务谁能够做到这一点？没有人能够做到这一点。契约社会对公务员也有这个契约，我拿这份钱我就做这份工作，没有额外的，这就是契约。

施雪华、刘耀东：

包容性增长和中国非政府组织的发展与管理

施雪华　浙江嘉兴人。北京师范大学政治学与国际关系学院二级教授、博士生导师、博士后合作导师。上海复旦大学法学博士，法国巴黎第一大学从事政治学博士后研究，北京师范大学政治发展与政府创新研究中心主任、政党研究中心主任，教育部首届应急管理专家组社会安全组成员，中国行政管理学会常务理事。

刘耀东　湖北黄石人。北京师范大学政治学与国际关系学院行政管理专业博士生，讲师。

精彩言摘

“尽管学术界对包容性增长关注的对象和内容各有侧重，但总体来看在两个方面取得了共识：一是机会平等和成果共享是包容性增长的核心内涵；二是包容性增长就是要在可持续发展中实现经济社会的协调发展。因此，从本质上讲，包容性增长是一种把经济增长过程和经济增长结果有机统一的经济社会协调发展模式。”

“政治系统在与经济系统、社会系统之间的互动中则明显处于主导地位。经济系统中的个人或企业组织试图对政治系统的政策形成影响时，并不选择通过行业协会等民间组织与政府机关进行谈判，而是直接与政府接触，完成自己的利益表达，即民间说的‘找协会不如找市长’。”

“说中国执政党和政府应该下定决心更大规模地把原本由政府及其国有企业垄断的某些领域开放给自由市场和社会组织，并不等于一朝一日或在短时间里大规模地把原本由政府及其国有企业垄断的某些领域开放给自由市场和社会组织，而是说要有序地把原本由政府及其国有企业垄断的某些领域开放给自由市场和社会组织。”

“组织文化是由相对稳定和持久的因素构成的，价值观构成组织文化的核心。对非政府组织来说，仅仅为生存或精神上的满足和享受而让其成员加入组织是非常不够的，重要的是让其成员投入组织所追求的价值目标，始终以一种崇高的组织使命为宗旨和行动指南，在追求个人效用最大化的同时，实现组织的社会效用最大化。只有这样，组织才能活力永存。”

施雪华： 包容性增长本质上是一种把经济增长过程和经济增长结果有机统一的经济社会协调发展模式，也是一种社会资源更加公平、公正分配，社会更加有序、和谐发展的社会状态。它不仅体现在经济领域与政治领域，而且更要体现在以非政府组织（以下简称NGO）为基础的社会管理领域。然而，中国目前仍处于转型时期，NGO的发展在性质定位、内外监督、自我管理、与营利组织和政府机构关系等方面出现了许多与包容性增长相悖的情形，因而，中国的NGO无法发挥应有的作用和功能。

借鉴国外NGO发展与管理的成功经验，结合中国NGO发展的实际状况，笔者认为，政府应通过更大规模地、有序地向社会组织开放市场，应引导监督与建立健全法律法规并举，行业协会服务协调与监督管理并重，改革与完善中国NGO的发展与管理问题，从而使中国的NGO在推进社会包容性增长中发挥更大的作用。

"包容性增长（Inclusive Growth）"作为一个全新的经济学概念和发展理念，其形成和发展集中体现于世界银行和世界银行增长与发展委员会等多个机构的《2006年世界发展报告：公平和发展》及《增长报告——可持续增长和包容性发展的战略》等一系列研究报告当中。近年来，包容性增长作为一个经济与社会发展的新理念逐步引起我们党和国家领导人的充分重视。2009年11月至2010年9月，中国国家主席胡锦涛两次在亚太经合组织会议上强调要实现包容性增长，切实解决经济发展中出现的社会问题，让经济全球化和经济发展的成果惠及所有国家和地区、惠及所有人群，在可持续发展中实现经济社会协调发展。如今，尽管学术界对包容性增长关注的对象和内容各有侧重，但总体看来在两个方面取得了共识：一是机会平等和成果共享是包容性增长的核心内涵；二是包容性增长就是要在可持续发展中实现经济社会的协调发展。因此，从本质上讲，包容性增长是一种把经济增长过程和经济增长结果有机统一的经济社会协调发展模式。

“包容性增长”理论告诉我们，随着中国市场经济体制不断完善，在经济领域不断取得成就的同时，社会管理领域也要同步协调发展，以便形成“小政府——大社会”的良性发展模式。

中国社会管理领域中的主要薄弱环节是非政府组织在管理和发展方面存在着严重的问题与不足。据统计，2009年年底中国共有社会组织413 660个，比上年增长7.0%，其中社会团体23万个，比上年增长8.5%，民办非企业单位18.2万个，比上年增长4.6%。①这说明，中国的社会组织包括NGO发展是很快的，但是组织外部的推动与监督、内部运行和管理的规则化都很不够，使目前中国的NGO无法发挥在社会资源分配、社会协调发展中应有的作用和功能。本文将从包容性增长理论的视角来研究中国NGO面临的现实挑战，在分析国外NGO管理的宝贵经验的基础上，提出有利于中国NGO发展与管理，并使之发挥在社会资源分配、社会协调发展中应有的作用和功能的有效对策。

一、“包容性增长”对中国NGO的发展与管理的挑战

包容性增长是我国“十二五”规划的重要内涵之一。加强和

① 夏国美：《中国NGO的当代跨越》，《社会科学》，2010（3）。

创新社会管理同样也是“十二五”规划的一项重要任务。公民社会理论认为，市场经济、民主政治与健全、强大的公民社会是不可分离的。中国的改革是一个长期性的综合工程，它是由经济、政治和社会这三个领域的改革构成的，包容性增长不仅体现在经济领域与政治领域，而且更体现在以NGO为基础的社会管理领域。中国目前只有大力培育以NGO为基础的公民社会，形成政治、经济与社会三者均衡式联动发展的态势，才能为经济发展、政治民主和社会稳定提供持续的动力，进而实现国家整体的和谐式发展与社会管理之善治。然而，中国目前仍处于转型时期，在NGO的发展与管理方面出现了许多与包容性增长相悖的情形，主要表现为以下几个方面：

1. NGO的功能缺失导致NGO没有办法有力地配合或牵制政府更加公正地分配社会资源。

中国改革开放30年来在社会政治领域发生的最大的变革是国家与社会关系的调整和重构。这种变革构成了中国日渐摆脱传统政治，逐步走向现代政治进程的重要内容。概而言之，这一变革就是新中国成立后，通过各种社会政治运动最终实现的在政治、经济、社会、文化等领域高度统合的“全能国家”①逐渐消解，国家无所不在的权力控制逐渐从非政治领域中退让出来，在社会经济领域形成了相对独立的利益实体的过程。全能国家的消退给社会生活让渡出了广阔的活动空间，以前被压抑在无边的国家权力阴影下的不同的利益主体（包括个人、企业、社会中介组织等各种社会组织）获得了追求自身利益最大化的活力和自由。与此同时，由于历史的惯性或者被新制度主义者称之为“路径依赖”的因素，导致现代化进程中国家与社会关系的调整不可能一蹴而就。当前中国的国家权力尚未能与各种经济社会利益完成规范意义上的切割和分立，在诸多领域，全能国家的“权力遗产”依旧以各种各样的方式介入到经济运行中，对社会

①［美］邹谠：《二十世纪中国政治》，第69页，牛津大学出版社，1994年。

利益的分配起到巨大的影响作用。这一点是其他处于现代化进程中或者已经完成现代化任务的国家所不具有的。在这种社会政治结构中，政治体系所扮演的“权威性分配者”角色的重要程度是不言而喻的。一方面是追求利益最大化的个人或组织，另一方面是对利益获得具有巨大影响力的政治权力。由于当代中国的公民社会处于成长阶段，发育尚不成熟，其表现出NGO的行政化、等级化、依附性等倾向还很明显，因此其在三者互动中处于相对弱势的地位，其所承担的社会政治功能也是相对有限的。这种相对弱势的地位在现实社会政治生活中，就表现为各种NGO并不能够真正有效地发挥其代表特定利益团体而进行利益表达、利益综合的作用，也不具备与执政党和政府形成相互配合与互相制衡的地位和能力。这就使这些NGO在沟通以企业、个人为主体的经济系统和以执政党、政府为主体的掌握公共权力的政治系统之间的制度化、规则化关系中的作用非常有限。①这种配合与制衡功能的缺失导致中国的NGO没有办法在社会资源的公正分配与交换中起到太大的作用。

2. 对NGO性质定位的偏向和外部监督管理乏力导致中国的NGO没有办法在社会资源公正分配与交换中起到应有的作用。

以中国的行业协会为例，其性质定位的偏向和外部监督管理

① 施雪华：《大力推进中国公民社会的成长，实现中国反腐败战略的大转移》，《社会科学》，2009（7）。

乏力问题有：

（1）“二政府”色彩浓厚。

官办行业协会是计划经济体制下形成的，这种行业协会对政府的依附性强，大都采用政府的设置和管理办法，不以会员的共同利益作为自己最大的宗旨，习惯依附政府部门并利用其特权形式开展工作。这类协会的工作方式、方法、内容和内部运行机制都与市场经济格格不入。大部分行业协会的专职工作人员、工作场所、协会领导人多数来自业务主管单位或由业务主管单位决定，中国的政府部门改革一个值得关注的现象是职能“体内循环”。通常情况下，越是有实权的部门，在政府机构改革和精简中成立的事业单位或其他机构也就越多。行业协会作为这些单位中的一部分，政府部门也对其作为自己的下属机构进行管理。这些协会的工作模式、思路、作风等与行政部门相近，成为所谓的“二政府”。①

（2）履行职能时重管理轻服务。

西方国家行业协会大多是随着商品经济的发展和市场的发育，由下而上自发形成的，其成立的最根本目的是代表会员的利益，在实现会员利益的过程中发挥其职能。而中国大多数行业协会都是在由计划经济向市场经济转变的过程中，随着政府机构改革和专业部门的撤销转变而来的。由于协会人员大部分是由公务员身份转变而来，而且不少协会现在还是事业单位，因此，行业协会以管理者身份自居，摆官架子，“管、卡、要”，缺少服务意识的现象普遍存在。

（3）缺乏有效的外部监督管理机制。

目前中国对于行业协会的外部监管侧重于政府主管部门对行业协会的年检和直接管理，对于行业协会的功能定位和行为规范问题则不够重视。由于缺乏相应管理监督制度，不少行业协会的违规行为长年得不到监管和治理，其结果使得某些行业协会背离

① 朱峰：《我国行业协会改革发展研究》，第43页，西南财经大学出版社，2007年。

了其服务的原始宗旨。

3. NGO的自治理念、内部管制和治理机制的偏差使中国的NGO没有办法在社会资源公正分配与交换中起到应有的作用。

（1）组织成员使命感不强。

NGO的工作人员除了相应的专业知识和特定技能外，有时还需要有利他主义精神以及对组织使命的认同感。然而，在中国当前的一些NGO组织中，其人员的组成存在不少问题。许多到NGO工作的员工，甚至管理者和领导人，其工作的目的不是为了组织的神圣使命，不是为了社会资源公正分配与交换，而是基于就业的与实现个人利益最大化的考虑，这样，就会为NGO的发展带来更多的隐患。

（2）内部管理和监督机制薄弱。

由于人性的弱点及外部法律约束的不足，以及市场经济所带来的一些不良道德现象，如拜金主义、享乐主义、极端个人主义等因素也会使NGO组织的少数人道德迷失，忘记组织使命，片面地追求个人效用的最大化，而不是社会效用的最大化。对某些NGO的领导人挪用或低效使用善款，导致NGO组织的公信力下降等，表明中国有不少NGO内部没有建立起完善的规章制度，有的NGO虽有规章制度却不能严格执行。

（3）缺乏长效的治理机制。

国外的NGO普遍采用了理事会制度作为其内部自治的一套长效机制。而在中国，很多NGO是没有理事会的，而在设置了理事会的那些NGO中，理事会大多是形同虚设，所发挥的实际治理职能是很有限的。有学者认为："中国非政府组织理事会存在虚设的现象，是因为在组织治理方面存在着强烈的人治风格与行政主导。"① 在有政府背景的NGO中，主管政府部门的党政领导对NGO的治理实施有很大的影响力或者干预权。在由公民创办的NGO中，组织创办人往往对该组织的治理有绝对的权力。

---

① ［美］哈罗德·孔茨·海洛因·韦里克著，张晓君等译：《管理学》，第216页，经济出版社，1998年。

"包容性增长"理论对中国NGO的发展与管理现状提出了挑战，它要求政府建立健全相关法律法规，维护NGO自身的独立性，完善其内部的治理与监督机制，最终建立起一个以NGO为基础的强大的公民社会。显然，有上述缺点的中国NGO是没有办法在社会资源公正分配与交换中起到应起的作用和功能的。

4. NGO与营利组织和政府机构没有形成相对独立和自治的关系使中国的NGO没有办法在政治系统与经济系统之间起到有机连接和有效隔离的作用，从而使中国的政治腐败没有办法得到大规模遏止，"包容性增长"的目标就无法有效实现。

由于当代中国的公民社会处于成长阶段，发育尚不成熟，其表现出的行政化、等级化、依附性等倾向还很明显，因此，其在三者互动中处于相对弱势的地位，其所承担的社会政治功能也是相对有限的。（见右图）。

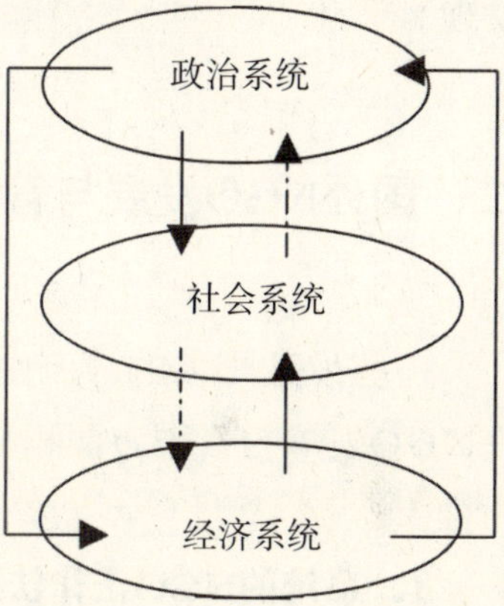

这种相对弱势的地位在现实社会政治生活中就表现为各种民间社团组织并不能够真正有效发挥其代表特定利益团体进行利益表达、利益综合的作用，也不具备与执政党和政府形成相互配合与互相制衡的地位和能力，这就使这些中介组织在沟通以企业、个人为主体的经济系统和以执政党、政府为主体的掌握公共权力的政治系统之间的制度化、规则化关系中的作用非常有限。

最明显的例子就是当前中国的各种行业协会很少能够完成本行业的利益综合，以一种独立的团体利益者身份参与到与政府或者其他团体的利益博弈过程中，其在社会生活中起到的象征意义远大于其真实的功能作用。与之相对照，政治系统在与经济系统、社会系统之间的互动中则明显处于主导地位。经济系统中的个人或企业组织试图对政治系统的政策形成影响时，并不选择通过行业协会等民间组织与政府机关进行谈判，而是直接与政府接触，完成自己的利益表达，即民间说的“找协会不如找市长”。于是，这种绕过社会系统，由经济系统与政治系统进行直接接触的互动方式，即老总们找局长、市长、部长甚至更高级别的官员就成为中国社会中常见的经济系统与政治系统沟通的特殊的而且常常有效的方式，而这种方式存在着巨大的腐败风险，为权力与金钱的交易提供了可能。① “包容性增长”的目标——通过在政治系统与经济系统之间起到有机连接和有效隔离的作用，使社会资源得到更少的浪费和耗损、更加公正的分配与交换就无法有效实现。

二、国外NGO发展与管理的经验

一些发达国家的政府由于历史、经济与文化等方面的原因，在NGO发展与管理方面积累了丰富的经验，主要表现为以下几个方面。

1. 系统的NGO法律法规体系。

西方国家关于NGO的立法主要体现为以下三个方面：

（1）结社自由的有效保障。

NGO发展的法律保障首先是结社自由的法律保障。在大陆法系国家，结社自由的法律保障在宪法或宪章中予以了明确规定，这做到了有法可依，能更好的保护权利行使；而在英美法系国家的法律体系之下，结社自由的法律保障特征虽然很模糊，例如在美国，历来承认公民的自由结社权，但在美国宪法及其修正案中却找不到明确的表述。事实上它根植于宪法的其他权利，并散见于两百多年来颁布的浩如烟海的判例意见中。

① 施雪华：《大力推进中国公民社会的成长，实现中国反腐败战略的大转移》，《社会科学》，2009（7）。

（2）NGO立法与其他法律的有效配套。

NGO的立法并不是孤立的，一个合理的、积极的、可操作性的非政府组织立法体系除了NGO立法外，还需要其他相关法律如民法、竞争法、税法、破产法等进行有效配套，如在NGO立法与民法的配套方面，典型的大陆法系国家如德国、日本，都在民法典中规定了法人制度的分类、模式及其较为详细的相关组织制度与财产制度，同时明确了社团法人与其他形式的法人享有的权利、负有的责任及违反法律所受的相应制裁等等；再如英美等国家都在税收立法上明确了NGO的法律地位，并因为非政府组织的NGO和公益性给予其程度不同的税收减免等优惠政策。

（3）完备的NGO立法结构体系。

尽管各国NGO立法各不相同，但总的来说，都对NGO的资格认定与登记管理问题、资本与财务问题(主要涉及税法上的规定)、内部机构设立与运行问题及社团组织活动问题等作了法律规定。

2. 完善的NGO内部治理机制。

西方发达国家的NGO大都建立了完善的内部治理机制。如美国NGO在治理结构上，很大程度地借鉴了公司治理结构模式，NGO的治理结构是由成员大会、理事会，高层经营人员、首席执行官组成的执行管理机构和独立的会计师等三部分组成；德国NGO的监事会类似于英美等国公司的董事会，是由股东大会选举产生的3~21人的由公司股东、职工代表组成的决策机构和监督机构；日本的NGO治理结构模式与公司治理结构模式非常类似，即内部设有社团总会、理事会和监事会。通过各有关法律日本还具体规定了各自的职责，即成员大会是法人的最高权力机构，而理事和监事构成负责人员，理事对外代表法人，监事则承担监督职责。

无论是英美法系的美国，还是大陆法系的德国、日本，从NGO的治理结构模式来看，借鉴公司治理结构模式是它们的共同特征，即社团法人（英美法中称为有成员的法人）性质的NGO都设立了相当于股东会的成员大会和作为非营利组织治理结构核心力量的理事会，而财团法人（英美法中称为无成员的法人）性质的NGO都设有理事会。但是，不同法律制度下的监督机制有别，监事会并非其必设机构。①

3．畅通的NGO政社合作机制。

国外许多国家在政府与NGO之间建立了较为畅通的沟通合作机制，如英国在1998年就由中央和地方政府协会主席和全英慈善组织与政府合作委员会主席相继签署了《政府与志愿及社区组织合作框架协议》，为英国政府与NGO之间建立起了合作的桥梁；德国各级政府每年都有许多资金用于社会福利项目，约占NGO总收入的2/3，但这些项目不是政府亲自去做，而是采取招标的方式，让NGO去实施，从而建立起了政府与NGO相互合作的平台；在韩国，支持NGO的政府机构直属总理领导，仅在中央部门，就有负责协调与沟通功能的总理民政事务秘书、负责政策咨询调研的公民社会委员会、负责执行的行政自治部三个主要机构，在他们的倡导和领导下，政府机构内部已初步形成上下协调，左右配合，共同支持民间组织的氛围和格局，为NGO的发展提供了坚实的政策保障。②

4．健全的NGO内外监督机制。

监督机制大概分为外部监督机制与内部监督机制。英美法系国家侧重于外部监督机制。英美法系国家崇尚结社自由，非营利组织比较活跃，非营利组织的设立甚至不需要通过登记，但要享受政府优惠政策，必须经过相关部门的严格审查，达到法定的条件，因此，在对非营利组织的监督上不主张行政主导，提倡制度与社会监督并行的模式。所以，以美国为代表的英美法系国家很少设立监事会制度，主要依靠外部监督机制，通常建立有较完备的独立会计师制度、首席检察官制度、报告和披露制度、独立第三方评估机制等制度。这种外部监督机制的优点主要是参与者

① 张明：《非营利组织的治理机制研究》，第154—155页，暨南大学出版社，2008年。

② 韩国明，魏丽莉：《比较与借鉴：国外政府建构与非营利组织的合作模式》，《行政与法》，2006（5）。

众、监督面广，同时相关的制度监督赋予监督主体的法定职权，避免了个人之间的利益冲突。

与英美法系国家不同，大陆法系国家侧重于内部监督机制。大陆法系国家一般比较强调中央集权，行政权力触及的范围较广，对非营利组织的监督也比较严格，在非营利组织的设立环节具有严格的审查制度，如《日本特定非营利活动促进法》规定非营利活动法人的设立必须取得设立认证。另外，根据大陆法系国家法人制度可将NGO归入公法人之列，为非营利法人借鉴其他法人治理结构提供了理论依据，因此，许多国家设置了非营利法人监事会作为内部监督机构。监事会在大陆法系国家中是非营利组织的主要监督主体，而根据监事会与理事会之间的关系，监事会的职责有所不同：一种是二元制下的监事会，是指监事会与理事会互不隶属并互相监督、相互制约；一种是上下级制下的监事会，即监事会凌驾于理事会之上，理事会由监事会选举产生并对监事会负责。内部监督机制的优点是，监督主体具有信息优势，一般可以获取第一手信息资料，因而，具有较强的监督能力。①

三、中国NGO发展与管理的对策

借鉴国外NGO发展与管理的先进经验，结合中国NGO发展的实际状况，笔者认为应在宏观、中观与微观三个不同的层次上采取相应的有效措施，以推动中国NGO的加速成长和规范管理，实现“包容性增长”的目标。

1. 宏观发展层面的推进：政府应更大规模地、有序地向社会组织开放市场，加大对NGO的财政与政策支持，从而从根本上为中国NGO的加速发展提供必要条件。

（1）大规模地向社会组织开放市场，这是中国NGO加速发展

① 张明：《非营利组织的治理机制研究》，第155页，暨南大学出版社，2008年。

的必要条件。

众所周知，目前中国国有企业的垄断性已经十分突出，赚大钱的行业、领域和项目，民营企业很难插手，导致国有企业利润暴涨，而民营企业举步维艰。据统计，两个最大的国有企业的利润之和等于最大的500家民营企业的利润之和。

中国经济总量已经超越日本成为世界第二大经济体，但发展质量不高，中国国有企业日益强大，但民营企业发展举步维艰；中国政府财政收入逐年大幅度提升，但中国的贫富差距越来越大，社会矛盾一触即发，政治与社会稳定遭遇严峻挑战。在这种情况下，中国执政党和政府应该下定决心更大规模地把原本由政府及其国有企业垄断的某些领域开放给自由市场和社会组织。这样做，比提高国有企业的上缴利润比例还具有根本性意义。一方面，可以大力推进中国NGO的成长，做强做大中国的NGO，另一方面，可以有效缩小贫富差距，大大缓解社会矛盾。

（2）有序地向社会组织开放市场，这是中国NGO健康成长的充分条件。

说中国执政党和政府应该下定决心更大规模地把原本由政府及其国有企业垄断的某些领域开放给自由市场和社会组织，并不等于一朝一夕或在短时间里大规模地把原本由政府及其国有企业垄断的某些领域开放给自由市场和社会组织，而是说要有序地把原本由政府及其国有企业垄断的某些领域开放给自由市场和社会组织。所谓有序，是指可以先把某些与市民社会的经济、文化、日常生活紧密相关的纯私人领域的行业、领域和项目开放给自由市场和社会组织，然后，把半公半私的行业、领域和项目开放给自由市场和社会组织，最后，在时机成熟时把部分纯公共领域的行业、领域和项目开放给自由市场和社会组织，但要政府的严格授权和监管。

（3）加大对NGO的财政和政策支持，这也是中国NGO健康成长的充分条件。

美国霍布金斯大学对42个国家的NGO进行国际比较，发现

NGO平均收入的49%来自服务收费，40%来自政府资助，11%来自慈善所得。而中国NGO的收入53%来自政府资助，6%来自服务收费，5.6%企业慈善捐助和项目收入。[①] 之所以中国NGO的收入中服务收费和企业慈善捐助太少，依赖政府资助过重，原因在于，NGO的服务收费的规范过严，企业慈善捐助的政策包括免税政策的不到位。需要放松NGO的服务收费限制。依赖政府资助过重的原因是目前中国政府对NGO的税收优惠种类太少，范围太窄，需要扩大政府对NGO的税收优惠种类和范围，在保留已有所得税优惠的情况下，应在财产税、商品税、房产税、车船使用税、城镇土地使用税等方面，也能给予NGO以税收优惠且增大力度。

2. 宏观管理层面的改进：政府引导监督与建立健全法律法规并举。

（1）切实发挥政府对NGO的支持帮助和引导监督功能。

西方公民社会与中国公民社会在文化环境以及发育的完善程度等方面是不同的，因此，照搬西方发达国家NGO的发展模式的想法是不切实际的。政社分开只表明政府与社会组织在各自领域内发挥应有的作用，并不意味着政府引导监督职能的削弱。对于NGO来说，政府的支持帮助和引导监督都是必不可少的。

首先，政府可以采用后发优势，用行政力量推动NGO的发展。特别是中国大的NGO发展与管理所需的职能、机构、人员、资金、思想以及其他形式的资源在初期阶段将主要依靠政府来提供，当然，也允许民间成长起来的NGO，在人力、物力、财力有限的情况下，现代化初期政府不可能把扶持重点放在民间成长起来的NGO上，但自21世纪初以来，中国社会已经进入现代化中期，政府已经有能力把扶持重点放在民间成长起来的NGO上。

其次，NGO的健康发展离不开政府的监督与引导。如果没有政府的监督与引导，放任NGO的“自由发展”，势必会出现各种导致社会不稳定乃至混乱的局面。政府部门应从以下几个方面对

① 王名：《中国非政府公共部门（清华发展研究报告）》，清华大学出版社，2004年。

NGO进行引导和监督：一是制定相关法律法规和制度规则引导NGO向着合法建构、规范运行的方向发展；二是加强政府部门对NGO的年度检查监督，对违反年检制度的NGO的法律责任及其处罚应作出明确规定，以令其具有可操作性；三是加强对NGO的财务监督，防止诈骗、挪用、财务混乱、浪费等行为，保护利益相关者的利益，健全定期向政府主管部门报告经费收支情况、接受政府审计部门财务审查的制度；四是引入社会监督机制，构建NGO问责制度。这种非正式监督可以使每一个对NGO关心或有疑问的人都可以对它进行监督，一旦被发现问题，则会受到严厉的处罚。

（2）建立健全有效的NGO法律法规体系。中国在NGO立法上比较滞后，今后一方面要加快相关立法进程，另一方面要对现有的有关NGO的规制体系进行不断完善。

具体而言，政府及立法机关应做以下几个方面的法制工作：

一是要制定一部统一的《非政府组织法》、《非政府组织基本法》、《公民结社法》、《社会组织法》。全国人大及其常委应制定一部保障公民结社权和结社自由，并规范NGO组织活动的基本法，应当是当前NGO立法和管理的首要目标。同时，要解决NGO规制体系不严谨，法律规定之间相互冲突、不协调、不配套等问题，明确规定NGO的基本原则、组织形态、主体条件、权利义务、经费财产、法律责任等，而这些内容无疑必须由一部统一的NGO基本法来规定。

二是要放松规制，简化NGO登记审批的程序规定。由于受计划经济的影响和专门性实体法的缺失，我国《社会团体登记管理条例》、《事业单位登记管理暂行条例》、《民办非企业单位登记管理暂行条例》等登记程序方面的法律法规仍然具有浓厚的上下级领导层面的管理色彩，不能适应社会主义市场经济的不断深入发展的要求。因此，我们应学习西方发达国家参照公司企业法人方面的立法经验，在制定统一实体法的同时，将《社会团体登记管理条例》等法律法规修改为纯粹的登记程序方面的法律法规，并删除标题中的“管理”一词，以淡化行政机关对非政府组织根深蒂固的上下级领导管理意识。

三是要制定完善NGO的配套法律法规。NGO是现代市场经济社会中和自然人、企业法人、国家机关并列的最重要的主体，对之进行调整的法律法规也涉及各个法律部门。要形成一个有机统一的NGO规制体系，在制定非政府组织基本法的同时，还必须完善NGO的配套法律法规。一方面，要将现行各部门法中有关NGO的规定实体化，以便于实施和操作。另一方面，要增加制定有关非政府组织的财务收支、税收管理、募捐和捐助及优惠待遇等法律规定。如在税法方面，应针对非政府组织不同于一般市场主体的特性，制定公开透明的有关非政府组织税收政策，建立一套规范统一的有关非政府组织的税制；在竞争法方面，由于以行业组织为代表的NGO也完全有导致不正当竞争和垄断风险的可能，而且，随着我国产业化、社会化水平的不断提高，不仅市场主体、社会团体的联合与规模将会越来越大，假借社会团体之名实施的不正当竞争和垄断行为将大量涌现；在破产法方面，应该规定NGO的破产程序。①

3. 中观管理层面的提升：行业协会服务协调与监督管理并重。

（1）加强行业协会的服务协调功能，发挥行业协会承上启下之功效。

行业协会处于政府与民众的中间层次，起着服务协调与承上启下的功能。为此，政府应当与行业协会建立合作联动机制，联

① 杨庆华：《中国非政府组织立法概况及存在问题分析》，载《中共杭州市委党校学报》，2007（6）。

合制定行业保障措施，建立行业自主创新平台。行业协会要让群众及时了解党的路线、方针、政策，降低制度的运行成本。行业协会在充分征求民众意见的基础上，有利于加强成员之间的横向联系，以及政府、行业协会、成员等之间的纵向联系。此外，要消解政府与协会成员的对抗意识，培养在制度上面的合作，达成共识，就要让协会成员参与到规则的制定中。

（2）建立健全行业协会的监督机制，实现行业管理的规范化与标准化。

首先，要完善行业自律管理制度，这是行业协会履行自治职能的基础。一是要针对一些行业协会制定的行业规范和行业标准缺乏合法性的问题，在制定行律行规和行业标准时要严格依据法律法规、政府相关政策来制定规范和标准，政府要加强指导与监督；二是要增强制度的严密性和可操作性，要根据行业特点和行业内企业的情况来制定制度，既要考虑行业发展的趋势，又要考虑当前行业企业的现实状况。

其次，要加强行业职业道德和行业诚信建设。在职业道德这个特殊问题上，法律的作用极其有限，必须依靠诚信机制发挥作用。一方面，要加强对企业的宣传教育，树立典型和标兵，给行业诚信建设以良好的氛围；另一方面，要加强对企业职业标准和职业道德实施遵循情况的监督检查，建立行业内的诚信档案。

再次，要赋予行业协会行业惩戒权。行业自律的实现必须解决保障即自律性惩戒的问题。自律性的内部惩戒有哪些种类、惩戒的程序如何设置、惩戒的效力怎样保证、与惩戒相关的各类委员会如何建立等等，必须由行业协会拿出方案。行业协会通过向企业征求意见和建议的方式制订出初步方案，通过沟通向政府有关部门寻求协助。在方案切实可行的前提下，政府理应配合协会工作赋予或支持其行业惩戒的作为。惩戒既可以是组织内部的警告、处罚和开除会员资格，也可以是反映给政府部门对违规者违法行为的依法惩处。①

4. 微观管理层面的突破：NGO自治管理与内部监督共同兼顾。

（1）树立新的组织文化观，强化NGO组织人员的使命意识。

组织文化是由相对稳定和持久的因素构成的，价值观构成组织文化的核心。对非政府组织来说，仅仅为生存或精神上的满足和享受而让其成员加入组织是非常不够的，重要的是让其成员投入组织所追求的价值目标，始终以一种崇高的组织使命为宗旨和行动指南，在追求个人效用最大化的同时，实现组织的社会效用最大化。只有这样，组织才能活力永存。因此，NGO管理者应经常加强对组织人员、组织文化观与组织使命感的宣传与教育，使组织员工真正意识到自己所从事工作的意义与使命，以期能够有为组织的事业长期奋斗的热情与持续动力。

（2）健全以理事会为主导的责、权、利三者的平衡机制。

NGO自治管理的关键在于健全理事会责、权、利三者的平衡机制。NGO的理事会治理不是致力于股东利益的最大化，而是针对不确定的人群或受益者的利益，但是它同样需要承担类似公司董事会的职责，甚至更多。理事会具有内外两层职能，对内是NGO的决策机关；对外是代表NGO行使社会公益职责。要使理事为NGO的事业尽职尽责，单靠理事道德自律的力量是微不足道的。为了督促理事尽忠职守，充分发挥理事会应有功能，法律对理事的义务有必要做出明确的规定，以警示理事的一切行为必须符合组织的服务宗旨和价值目标。由于中国有关NGO的法律体系

① 朱峰：《我国行业协会改革发展研究》，第59～60页，西南财经大学出版社，2007年。

正在建构和完善之中，多数的法律规范都集中于理事会的构成和权利，所以，应当对理事的各种义务和责任作出更明确的要求。当然，为了保障理事参与决策的独立性，还可以借鉴公司治理结构中的独立董事制度，即规定社会人士如相关领域的学者、专家、知名人士及捐赠者代表参与NGO董事会治理的比例，以防止NGO出现“内部人控制”的现象。

（3）完善NGO的内部监督机制。

中国NGO的监事会从某种程序上说远没有发挥监督作用，应该明确监事会运行的程序和规则，借鉴公司治理比较成熟的议事准则来实现NGO监事会的职能。但是NGO中，监事会并不拥有控制理事的实质性权力，其权力仅仅限于业务监督，虽然可以实施监督，但是不能对其采取措施，这实际上弱化了监事会的监督功能。对此，可以借鉴公司法规定，NGO的监事有权就理事、高级管理人员违反法律、行政法规或者组织章程规定的行为提起诉讼，通过诉讼途径，使监事的监督职能得到充分发挥，除此之外，监事会还应具有召集临时理事会独立聘请会计师的权力等。

总之，通过大力扶持NGO的发展，完善NGO的内部结构功能，加强NGO的内外监督，使中国的NGO更加强大和规范，在政治系统与经济系统之间起到有机连接和有效隔离的作用，从而使中国的NGO在实现“包容性增长”的目标——社会资源的更少浪费和耗损、更公正地分配与交换中发挥更大的作用。

吕元礼：

新加坡：一党执政，活力何来

吕元礼　深圳大学新加坡研究中心主任，管理学院教授，当代中国政治研究所副所长。长期研究华人政治文化与政党政治，重点研究新加坡政治、行政和李光耀思想。主持国家社科基金等项目多项，发表论文99篇，出版著作多部。其独撰的《新加坡为什么能》引起重大反响，新加坡李显龙总理在国会点名介绍，为该书签名作序，并接见作者；许多城市发文要求党员干部阅读该书；海内外数十家媒体报道该书；2007年至今印刷9次，获评华东地区优秀哲学社会科学图书评选一等奖，被中国书刊发行协会评为2008年度全行业优秀畅销品种。

精彩言摘

“新加坡最大的亮点或者特点就是比较廉洁，比较有活力，比较和谐，而这三个方面又是中国目前最迫切的目标，比如说民主、自由，这不是最迫切的吗？同时，它又是一党长期执政情况下取得的，这对中国更有借鉴意义。”

“新加坡他为什么能够廉洁，我归纳为四句话，‘以德倡廉，使人不想贪；已俸养廉，使人不必贪；以规固廉，使人不能贪；以法保廉，使人不敢贪。’”

“东西方对政府的观念不一样，西方把政府看成是必要的恶，所以建一个有限政府，理念是‘最好的政府，最少的干预’，其角色是‘守夜警察’；而东方是把政府看作必要的善，目标是建立一个强大政府，理念是‘最好的政府，最多的关爱’，其角色是‘操心父母’。”

“共产党的组织、制度和意识形态本来是从革命年代确立起来的，它在危机和压力竞争中是很有效力的。你看涨大水，大地震，往往不会成为我们的一个灾难，而是成为我们提高党的威信的一个契机。共产党的问题就是，一旦洪水平息了，地震没有了，奥运看完了，进入凡人小事、按部就班的时候就比较麻烦。而行动党之所以能够保留下来，因为他奉行的是英国的制度，东方的传统和共产党的优良作风。”

吕元礼：

新加坡从1965年建国以来，由一个落后的第三世界国家发展成为现在一个经济繁荣、政治有序、社会稳定，在国际社会上很有发言权的第一世界国家。。邓小平同志说要借鉴新加坡，汪洋同志来到广东以后说要叫板新加坡，从政治局高层到各省、各级的官员都共同认可新加坡是我们学习的一个榜样。

新加坡是一党长期执政，执政党叫人民行动党。人民行动党和中国共产党有很多相似的地方，都是列宁主义政党，都走社会主义道路。尽管"社会主义道路"前面都有定语，我们是"中国特色社会主义道路"，新加坡是"民主社会主义道路"。新加坡政府廉洁高效，社会亲民和谐，人民行动党成为一个控制力很强，执政时间很长的政党。吕元礼教授给我们解读了其中的奥妙。

曾经有记者问李光耀说，身为人民行动党的创党人，你最引以为豪的是什么？他说，我最引以为豪的，一方面是执政党能够长期执政，另一方面又保持了活力和诚实，而没有沦落为一个贪污和衰败的党。就活力来说，它在经济发展方面用一代人的时间从第三世界变成第一世界，目前的人均所得甚至超过了美国。从竞争力来说，它的排名是第三，美国往往是第一，香港和新加坡竞相第二、第三。政府效率也比较高，就政党来说，它从1959年通过大选上台之后，大概每四年有一次大选，它都能够赢，所以政党也是有活力的。我们注意看一下，它的长期执政不是法律规定它就是执政党。从制度来说它跟英国是一样的，它就靠一次一次的大选能够连续上台，所以这一点有点不可思议，因此也说明了它有活力。

就廉洁来说，它曾经也是比较腐败的，比如说1959年人民行动党大选的时候，提出的口号就是"扫除贪污"。它为什么提出这个口号呢？因为当时的腐败非常严重，它提出"扫除贪污"比较得人心。它上台之后也兑现了诺言，在廉洁方面的国际排名是全世界前十名。在亚洲国家和地区里面，进入前十名的只有新加坡一个，香港在亚洲排第二，但是没有进入全世界前十名。新加坡是一个以华人占多数的东南亚国家，它能够做到这一点更为难得。为什么呢？因为一般来讲，华人喜欢搞裙带关系，而腐败被称为东南亚之癌。新加坡周边的国家也是比较腐败的，进入前十名的国家北欧更加多一些。所以，新加坡能够保持廉洁，我觉得很难得，它有活力，有廉洁。

保持共产党先进性，这个先进性是一个抽象概念，不是说你走在前面就叫先进，具体到执政党来讲先进性是有活力，有廉洁。新加坡是在一党长期执政情况下取得的，这就更加难得了。

党中央在2006年10月份提出了构建和谐社会，新加坡在民主、人权、自由方面别人会批评它，比如会说它不够民主，一党独大，打压反对党；比如说它不够自由，它连吃口香糖的自由都没有，确切来说是不能在新加坡制造和销售口香糖；就人权来说，它有鞭刑和绞刑，所以你可以批评它。但是，就社会和谐来说还不错，和谐应该包含最基本的自由，新加坡基本的自由是有的，只要你不违禁，不犯法，都可以“为所欲为”。但是，我认为和谐也应该包括安居乐业，比较和谐、比较稳定、比较有序，这方面新加坡比较突出。所以说，如果美国是一个自由式的社会，新加坡应该叫和谐社会。

和谐包括了人和自然的和谐、人内心的和谐、人与人的和谐等等，新加坡如何呢？第一，人和自然的和谐，新加坡应该是不错的，因为它被称为“花园城市”，这是举世公认的。第二，就人内心的和谐来讲，新加坡虽然经济发展发达，但是人的内心还是有很多不平之处，因为它也有一定的贫富差距，人们活得比较累，但是总的来说它还是比较和谐的。我估计可能是因为新加坡的宗教自由方面比较好，各种宗教都有，它强调家庭为根，这方面让人的内心有基本的和谐；就人与人的和谐来说，首先表现在种族之间的和谐。

新加坡一个突出的国情就是多元种族、多元宗教和多元语言，它只有707.1平方公里，但是有很多的宗教组织，华人占了76%，马来人占了13%，印度人占了7%，还有亚欧裔人。这么多种族人聚集在一个小岛上，本来容易发生冲突，但是种族之间的确是很和谐的，和谐到让人有点妒忌。有人说美国的种族和谐是大熔炉，而新加坡叫色拉盘。我举个例子，新加坡80%的人都住在组屋里，这个组屋是一组一组的房间，是政府建的，相当于我们经济适用房+福利房的味道，它有四室一厅、五室一厅。它规定，每一栋组或者每一个小区，不同种族都应该有人在里面。举个例子，这一栋楼有100套房子，华人就要求大概是76户，马来人13～14户，印度人7～8户，亚欧裔人1～2户，和这个国家的人口比例差不多。为什么这样做呢？如果不这么做的话，很可能而且一定是这栋楼全部是华人，那一栋楼全部是马来人或者说这个区全部是华人，那个区全部是马来人。在英国统治的时期就是这个样子，但是英国人就因势利导，分而治之。新加坡现在这个国家还这样做就不行了，形成不了国民意识。所以，政府在这方面管得比较多，比较具体。你买了房子之后转手卖的时候也必须这么做，要保持这个平衡，不能被打破。所以，有人说新加坡是一个家长式的政府，从中可以看得出来它管得很细，但是就这一点来说大家认为它管得也比较好。而且我还发现，新加坡所有的组屋有一个特点，它的一楼一定是空着的，为什么空着呢？因为他们认为要形成社区意识。我们东方人讲远亲不如近邻，如果没有说共同活动的场所就很难形成社区意识。所以它留一个空的地方就给大家聊天、玩耍，包括做红白喜事。它有很多的活动场所，这个活动场所一定有四种语言，不会说只有一种语言，这也表明了多元种族，这个多元意味着是大家是平等的，不会只搞华文或者是英文。

所以，新加坡的种族和种族之间比较和谐，贫富之间也和谐，他们推崇一种“坐飞机的安排”。

新加坡的一个议员讲了一段话，他说：“飞机里有经济舱、商务舱和头等舱，不论你坐哪一个等级，你都同样享受到应有的服务，新加坡航空公司也不会派一个比较不漂亮的空姐去经济舱服务。更重要的是，大家也会同时安全地抵达目的地，至于谁坐经济舱、商务舱和头等舱，大家可以量力而行。”这段话比较朴实，但是也比较形象，它反映了新加坡的治国之道。用李光耀的话来说，就是人生就像马拉松赛跑，如果不奖励跑得快的人就培养不出奥运冠军。但是对那些虽然跑得慢，却愿意按规则跑下去的人不给予最基本的社会保障的话，他就会越轨。如果在跑道上越轨那是犯规，在人生的跑道上越轨就是犯法了。所以，它的基本国策有两个方面，一个方面叫各尽所能，各取所值。它的第二句话跟我们不一样，所谓“各取所值”，就是说你值多少钱就拿多少工资，有多少贡献拿多少钱，这样就可以培养出竞争力。

另一方面强调扶贫济苦，不能让最底层的人活不下去。它们的竞争力和凝聚力有点像中国太极图，阴阳两个方面，“竞争象征着阳刚，凝聚力象征着阴柔，阴阳平衡社会就和谐了”，这是李光耀的原话。后来我有幸坐过新航的飞机，新加坡航空公司是世界上管得最好的航空公司之一。我首先到头等舱看了看，商务舱相对宽松一点，经济舱相对拥挤一些，但是都容纳得下去，差别不会太大。新加坡人在投票选新加坡的象征的时候，多数人投的是鱼尾狮，少数人投的是新加坡的国花，但是有10%的人投新航的空姐作为新加坡的象征，这个不容易。我感觉新航的空姐有一个最大的特点就是微笑，好像一露面就微笑，或者是门帘还没有拉开就微笑了，很让人感动。

刚才说的这个比喻还没完，人民行动党议员将经济舱比喻为政府组屋，商务舱比喻为公寓，头等舱比喻为私人别墅。他相信，当时间进入下一个世纪，新加坡实现“新愿21”的理想时，就像新航将所有乘客安全地同时送抵目的地一样，全体新加坡人——无论是住在组屋、公寓或私人别墅，都能从中受惠。所以，新加坡人与人之间比较和谐。

这让我想起了新加坡人民行动党的党徽，它是白的底，蓝的圆，红色的闪电。后来我给它解读了一下：白底象征着纯洁，强调的是廉洁；闪电象征着行动，要求它有活力；蓝圆象征着团结，注重的是和谐。前半句话是它们的原话，后半句话是我加工的。因为我认为新加坡最大的亮点或者特点就是它比较廉洁，比较有活力，比较和谐，而这三个方面又是中国目前最迫切的目标。比如说民主、自由，这不是最迫切的吗？同时，它又是一党长期执政情况下取得的，这对中国更有借鉴意义。

人民行动党党徽

汪洋书记在2007年说要跟新加坡叫板，“跟新加坡叫板”是汪洋书记的最新说法，“比新加坡更好”是邓小平的原有精神。为什么这样讲呢？这里有一个典故：1978年邓小平访问新加坡，当他看到新加坡的建设成就的时候他很高兴，因为它毕竟是中国以外唯一的一个华人当总理的地方，而且管得那么好，他由衷地说了一句话，“恭喜你，这是我第二次到新加坡，第一次早年到法国勤工俭学路过新加坡，当时新加坡是一个落后的地方，现在却是一个美丽的城市”。小平讲完了以后，李光耀就用华人惯有的谦虚回了一句话：“哪里，这是一个小地方，容易管理。”咱们华人都这么谦虚，李光耀也不例外。他讲完之后，邓小平又接着说一句话：“是的，要是我管的是上海那么大的地方就好了。”他这个话一说李光耀有一点不太服气，因为他的谦虚确实有一点假谦虚，李光耀就用带挑战的语言说了一段话，这是后来经常会引用的，他说“新加坡来的那些华人都是从中国内地的广东、福建来的，那些家无寸土，目不识丁的苦力后代”。也就是说新加坡华人的素质比较低，是打工仔的后代。反过来说，中国内地有的都是留守中原的达官贵人、文人学士、状元的后代，他们在那个地方开枝散源，素质更高。所以，他说“没有什么新加坡能做到的中国做不到，或者说不能做得更好”。讲完之后，邓小平沉默了，这个话题就轻轻带过去了。李光耀后来又回忆起来：邓小平没有忘记我的挑战。他在1992年南巡的时候说“要借鉴新加坡，而且要比他们管得更好。”后面那句话是话中有话。我认为这是李光耀经过深思熟虑之后的一种想法，而且早就有这个观点，中国一定会腾飞。

他有什么根据呢？第一个，李光耀很重视人才，他的10篇文章可能有9篇讲人才。他认为城市与城市，国家与国家，谁能赢？关键还是有没有人才。所以，他刚才讲中国会腾飞有什么根据呢？中国比新加坡有更优秀的人才。他讲，在今后50年中国还是超不过美国的，为什么？因为美国是聚集全世界人才的地方，没有办法。他在讲人才的时候，10篇讲人才，可能有9篇会讲到天赋和基因问题。所以，所谓人才决定论有可能就是天赋和基因。他讲，中国人才更多，他没有讲中国的教育怎么样，而是说中国人是达官贵人，文人学士、状元的后代，基因会更好。所以，当有人问李光耀长寿的秘诀何在，他说，慎重地选择你的父母。也就是说，长寿不长寿跟保养有关系，但是基因也很重要。他认为人的智商和能力80%是天赋决定的，这也是一个科学的观点。

他举了一个例子，比如说同卵双胞胎，即使出生以后不在一个环境长大，比如说一个在良好的家庭，读书，上大学，从政。另外一个在一个很贫穷的家庭长大，流浪，后来当了流氓。既然这个能当大官，那个当流氓的一般来说也会是一个流氓头，因为他们的智商和能力差不多，这个和后天没有很大的关系。有一个外国领导人送了五只宠物狗给他们的副总理，他不喜欢养狗，就把狗送给了驯犬大队，希望把那些狗训练成会嗅毒品的狗，但是三天之后驯犬大队把这些狗退回来了，告诉他这些狗再训练三年也不行，为什么？因为它不是这种。后来李光耀说，人也是一样，行就是行，不行就是不行，别浪费时间，行动党的责任就是把那些行的人找出来，委以重任。

新加坡的制度很有意思，比如说他们是党找人才，不是人才找党，你只要是一个人才，不用写入党申请书，他也会找过来。找过来以后直接入党，马上就作为行动党的代表参加竞选。

一般采取喝茶的方式，喝茶在日本成了茶道，在新加坡成了一个政治之道。还有一个说法是，党内人才党外培养，政界人才社会培养。我们中国提了很多口号，比如说“科学发展观”、“三个代表”、“执政能力”、“和谐社会”，是因为有一些教训而提出来的。比如说为什么讲和谐社会？因为我们现在不太和谐。为什么讲科学发展观？就因为过去发展不讲科学。为什么讲执政能力？因为执政能力不强。为什么讲“三个代表”？因为代表性不是很强。反过来，新加坡在这几个方面恰好是他们的正面经验，所以从这个角度来说借鉴它确实有一些价值。

李光耀认为人才很重要，他说为什么香港在历经风雨打击之后总能站起来？是香港的制度吗？英国的殖民地很多，但是真正腾飞的很少。他说他是过了几十年之后才想明白的，关键还是香港的人。1949年从中国内地跑过去将近200万人比较厉害。

李光耀还对中国和希腊进行了比较，这是我听他们民间流传的说法。你看中国古代，在春秋战国时期有很多的人才，比如说孔子、庄子、老子、孟子，几乎是同时，古希腊也是人才辈出，像苏格拉底、柏拉图、亚里士多德。但是中国历代都有人才，但是希腊为什么就没有了呢？希腊现在找不出一个国际知名的人，什么原因？李光耀说，读读《红楼梦》和《金瓶梅》就知道了，中国历代上比较厉害的男子往往娶很多老婆，生很多小孩，优秀的基因就扩大了。反过来，希腊是好男要当兵，结果往往英年早逝，没有留下后代，几十年下来就不行了。所以李光耀的优生学很有意思，也很刺激。

由此看中国，我感觉中国目前的计划生育可能有一点问题。李光耀在60年代的时候也搞计划生育，他讲过一句话，“计划生育的最后成果必须以人口素质的保持和提高为衡量标准”，不能说人口降下去，最后素质也不行。李光耀认为中国有人才，所以中国一定会腾飞，还有一个是文化决定的。他认为中华文化是比较有竞争力的，中国文化在没有西方文明冲击的时候是慢慢地走，但是有了西方文明冲击之后它会比别的文明超得更快，因为中华文化强调适应，而不是改造。

1974年李光耀和印度总理碰面的时候又讲了一段话，他说：我自认为对中国人的心理有特殊洞察力，中国人聪明、务实、勤劳、节俭，你别看它现在经济比较差，但是它第一有稳定的政治环境，第二有信得过的官僚，第三有自由市场经济，同时以社会为依归，就是说既搞市场经济，同时强调社会第一，个人第二，而不是个人第一。他说，中国不仅可以和新加坡、香港这样的城市、地区和国家竞争，它甚至可以和日本竞争。他说，这样的时候就要到来了，不远了。这是他1974年讲的，然后中国在1978年改革开放，开始腾飞了。为什么他讲这个讲得比较多，可能是因为新加坡是一个多元种族国家，有不同种族比较，华人可能就是更加机灵一点。为什么他对中华文化有这个认识呢？因为新加坡有两种华人，一种是受英文教育的，一种是受华文教育的。受英文教育的人喜欢讲民主自由，不太考虑家庭，受华文教育比较重的家庭，比较讲责任，比较有纪律，比较尊师重教。他认为这些因素是好的，新加坡之所以能够腾飞，是因为有出过国，有国际眼光的领先，再加上新加坡在六七十年代的华人都秉持了儒家价值。新加坡的华人都是低层的，没有系统地接受过儒家的训练，但是也因此没有受到过五四运动的影响，他们对儒家文化的教育和接受不是从书上学来的，往往是通过“古人云”，一个民间故事，一些礼仪，这样流传下来的。

我发现李光耀和邓小平两个人的心灵非常相通，比如说我们讲邓小平理论，他有什么理论？我认为有三个论：一个是“猫论”，一个是“摸论”，一个是“不争论”。“猫论”表现的是一种实用理性，“摸论”是渐进理性，“不争论”是实践理论。恰好李光耀也有三个论，第一个叫“行得通论”。新加坡不讲什么主义，虽然它们是以民主社会主义为它们党建党之初的目标，但是后来不提了，它的党章上根本没有“主义”这个词。如果说新加坡有什么一以贯之的“主义”，那就是“实用主义”，一切以行得通为选择，这一点李光耀跟邓小平是心心相通的。第二个是“鞋论”，他认为引进而来的制度比制造出来的制度更优秀，鞋子穿得越久越合适，所以不要轻易地扔掉旧鞋子。第三个是“存而不论”，因为他搞社会主义，他说“让我们培养这些技能和这种工业生产能力，是社会主义，是资本主义，让下一代去决定”，这是1965年讲的话，跟邓小平讲的“不争论”一样，邓小平说姓社姓资不要争论，一争论就麻烦了。

我们再进一步看，当记者问到新加坡各种政策背后的哲学的时候，李光耀说这可以说是务实或者实际，但是它行得通，对于任何理论或者建议，就只问一件事，就是行不行得通。我们看看李光耀的思维方式，他说社会主义是否具有弊病，在于如何为社会主义下定义。也就是说中国搞社会主义，也可以讲它还是共产党，只不过这个党，这个社会主义的定义要有所变化。如果搞的是结果平等，就会变成绝对平均主义；如果讲机会平等，这个社会主义还是有活力的。他说，有中国特色社会主义应该就是机会平等的。这个意思和邓小平的说的是一样的，所以邓小平的思维方式就是高举社会主义旗帜，创新社会主义内涵。

新加坡的务实还表现在它注意比劣，比优是好中求最好，比劣是坏中求不坏。比优是要追求最好，比劣是要避免最坏。革

命年代比较强调比优，就是好中求最好，树一个旗帜写上共产主义，然后鼓励大家为这个目标来奋斗。但是执政之后应该要比劣才对，所以在现代史上有一个主义和问题之争，李大钊说主义更重要，主义是起义者。胡适说要多解决问题，少天天谈主义。谁对？大家都说李大钊对，但是我认为其实都对，因为他们的立场不一样。李大钊是站在革命党的角度，所以主义更重要，他不是站在执政党的角度说话。所以，在执政之后的思维方式要变，我发现我们从革命党到执政党这种思维方式的变化也比较明显。怎么比劣？比如说新加坡的领导人一直倡导精神文明，却保留着合法存在的红灯区。为什么呢？他们说与其让人民随意大小便，不如建一个厕所。

再比如说，新加坡的政府领导人一直痛恨赌博，但是目前却建有包含赌场的综合度假村，也就是建赌场，为什么呢？李光耀说，建赌场会带来麻烦问题，但是不建赌场麻烦会更多，这是在坏中求不坏。当然，确定建赌场之后又要建比较好的赌场，建得越精致越好。所以，比优和比劣是结合在一起的，这个是它们的一个模型。新加坡也在想一个事，因为新加坡是一个很严肃的地方，管得很严，很死，游客就觉得没有意思，新加坡自己也在反思，他们说“水至清则无鱼”，所以在不断地软化。他们说，过去是法律没有容许的不能做，现在是法律没有禁止的就可以做。

李光耀还讲过一段话，“所谓用理性的态度来解决问题的文化习惯是说你要虚心”，理性一般会被理解为用最小的代价获得最大收获，有利则行无利则止。但是李光耀说，所谓理性就是虚心，这是我第一次看到这个解释。什么意思呢？不要让某种思想宗教或者社会文化偏见排除对问题的任何解释或者解决办法，当以前曾经被接受为真理的东西跟现实不符的时候你必须加以改变和检讨。所以，虚心就是虚其心，要空空的，不要被那些所谓好的主义，哪怕是马克思主义把心里装得满满的，然后听不见新的意见，应该以实践为检验真理的唯一标准。

李光耀很佩服邓小平，他所见过的世界领导人中，第一佩服的就是邓小平。他认为邓小平很理性。他说，1978年邓小平访问新加坡，邓小平请他去替中国说服东南亚各国领导人反苏联帮中国，李光耀说我做不到，为什么呢？因为中国有很多华人华侨在东南亚，中国政府又老是号召华人华侨爱祖国，而不是爱他们所在的那个点。同时，通过电台总是号召他们起来革命，推翻政府，而且要为他们提供武器，反过来苏联没有政府。所以他讲，东南亚各国政府的领导人反感的是中国龙，而不是北极熊。他说，讲完之后邓小平望着我，他知道我的话句句是真。邓小平突然问，“你要我怎么办？”李光耀说，“我吃了一惊，我从来没有看到过一个共产党领袖在面对不愉快的现实的时候会问对方你要我怎么办？我记得1976年我跟华国锋主席也讲过这个情况，当时华主席是斩钉截铁地说，‘详情我不清楚，但是共产党所到之处一定战无不胜。’他跟邓小平不一样，邓小平知道孤立苏联就必须正视现实。”

李光耀说，苏联就在那儿中国不能把它消灭掉，要跟它打交道。所以，他说，邓小平敢于正视这个现实，愿意面对现实，勇于正视现实，甚至还要问对方，你让我怎么办来改变这个现实。对方是谁呢？李光耀，李光耀什么人？李光耀是当时一直被中国政府骂为美帝国主义走狗的人，也就是邓小平这个共产党领袖问走狗，你让我怎么办？李光耀觉得不可思议，他说，面对眼前这么一位经过了长征，年龄超过70岁的革命老将，我能告诉他该怎么样吗？不过既然他问了还不如照实说。李光耀深深吸了一口气，鼓起勇气告诉邓小平：“停止你们的广告，停止你们的宣传，停止提供武器。”邓小平说，“给我一点时间吧。”两年之后，邓小平都停止了。

李光耀说，邓小平虽然身高不满五英尺，却是人中之龙，因为他务实，在面对不愉快的现实的时候，随时准备改变已有的观点。毛主席与李光耀不一样，毛主席很浪漫，他很喜欢一个对联：万里风云三尺剑，一庭花草半床书。我在感性上很喜欢毛主席的那种浪漫，在理性上我就比较喜欢和佩服李光耀，他很整洁，很有条不紊，因为治国需要这样子。曾经有一个新加坡的议员到我这儿，跟我讲李光耀的办公室很干净，没有什么多余的东西。去过李光耀的办公室之后再回到自己办公室，有一种想把多余的东西都扔掉的冲动。李光耀的办公室真的是窗明几净。这个成语让我感到很吃惊，也很新鲜，虽然我在小学一年级可能学过这个成语，但是一直没有用过这个成语。我突然感觉，对于李光耀的干净有一种美感的感觉，在感情上也有一点喜欢。后来我反思为什么有这样一种感觉呢？可能是因为他这个政府也相对比较廉洁的原因，如果党和政府很腐败，他再干净也没有感觉。毛主席是龙飞凤舞，李光耀是有条不紊。毛主席是豪迈不羁，李光耀是精心安排。

我发现毛主席和李光耀的关注不同，毛主席的一个发现就是中国历史书上写的是帝王将相，没有劳动人民。李光耀的发现就是人是生而不平等的，也就是说人的天赋不一样，他反复讲这个事情，而且津津乐道。毛主席更多的是人民情结，他说："人民，只有人民，才是创造世界历史的动力。下下人有上上智。高贵者最愚蠢，低贱者最聪明。"在革命年代，这个话是很入耳，其实我也受这个思想的影响。反过来说，李光耀更多是精英情结。他说，如果新加坡最聪明的300个人在飞机上出事，没有了，新加坡就垮了，他主张精英治国。

所以，新加坡每年还会在中国选一些人过去读高中，选的这批人都比较优秀，而且是免费读书。我们有一个老师的女儿被选过去了，这个老师不太理解，他说我女儿高中毕业之后不会在你们那儿工作的，也不一定读你们的大学，可能她到美国去，你们为什么还要给她提供这个免费呢？新加坡人说，第一，人生当中，14～18岁正好是价值观形成的时候，那个时候你在哪一个地方生活，交什么朋友，一辈子也忘不了。也就是说你一辈子也忘不了新加坡。第二，即使你忘了，以后写简历的时候也得写上你在新加坡读的高中。第三，如果我要求你在那里工作，可能你就不来了。第四，即使你不回来，但是因为新加坡培养了你，你以后发达了还会想到回报新加坡。新加坡算得很细。他们有公积金，每个月政府把你那个钱扣下来，政府给你管着，帮你养老，即使欠了别人的钱别人也拿不走。

我们再讲他的为民执政，从而增进扎根力。李光耀在新加坡实行了居者有其屋的政策，他们拥有房子的比例是最高的。李光耀在1959年上台之后发现了一个问题，他说世界上首都的选民都倾向于投反对党的票，新加坡是一个城市国家，国家也就是首都，如果首都选民都要投反对党的票，现在我执政，也就意味着下一次我就落选了，怎么样才能长期执政？然后他又发现了一个问题，人们对买来的房和租来的房态度不一样，买来的房很珍惜，租来的房乱涂乱画。所以他又得出了一个意识，产权意识是与生俱来的。当人们没有财产的时候，街头发生暴乱，路人也会参与。

反过来说，当人们有财产之后，街上有暴乱他的第一反应不是参与暴乱，而是把自己的财产保护起来。李光耀亲眼看到一个小伙子，当时街头正在发生暴乱，别人都参与暴乱，而他没有，而是抱着自己的摩托车三步并作两步地把它推回家去了。为什么？因为他要保护自己的财产。摩托车还是抱得动的，当人民有了像房子这样抱不动的财产的时候，他的命运就跟国家连起来了。所以，你要让人民保卫新加坡，你必须要让每一个人，每一个家庭要有什么财产值得他去保护才行。所以李光耀实行了居者有其屋和中央公积金，也包括让每个人持有新加坡股票，这样让每个人跟国家多一个联系的渠道，国家好你就好，国家不好你就不好。

所以他说，要提高人民的政治觉悟，没有什么比给他财产来得更有效。他引用了孟子一句话：“人无恒产则无恒心。”马克思说过，“无产者失去的只是锁链，获得的将是整个世界。”还可以引用鲁迅的话“曾经阔气的要复古，正在阔气的要维持现状，未曾阔气的要革新”。像我们打牌，抓了好牌要维持现状，抓了臭牌最好要造反。所以，新加坡“居者有其屋”是被李光耀视为维持长期执政的第一要素。他为什么搞“居者有其屋”呢？第一个原因是他要大选，想怎么能够长期执政，如果没有大选可能不会想这个问题。如果第二次选举的时候，我那个选区没有及时建好房子我可能会落选。然后新加坡对反对党也打压，比如说你这个选区投我行动党的票，当选了，我就给你及时翻新组屋，过去没有电梯的给你安装一部电梯，过去三室一厅给你变成四室一厅。这个组屋里面住着永久居民，也住着公民，永久居民是没有投票权的，所以翻新组屋的钱他们要出百分之百，但是公民有投票权，他只出一半的钱，政府出一半，所以这个吸引力是很大的。

新加坡建组屋的发展局写着杜甫的诗：“安得广厦千万间，大庇天下寒士尽开颜，风雨不动安如山。”尽管新加坡的华文修养没有这么好，但是杜甫的理念在他们那里是相应的。所以我们说为什么李光耀能够长期执政，跟他的房子政策有很大的关系。他们为什么能够廉洁？我归纳为四句话：“以德倡廉，使人不想贪；以俸养廉，使人不必贪；以规固廉，使人不能贪；以法保廉，使人不敢贪。”这四句话哪一个重要，他们认为都重要，不同的时段有不同的重要性，比如说“以德倡廉”。他们很倡导保留传统价值观，比如说君子这个词我们不太用，他们倒经常会用，用“君子”来执政，要有君子风范。他们曾经出过一本书，叫《儒家伦理》，是给中学生读的，也是目前世界上唯一以儒家命名的教材，但是后来不搞了，因为他们是多元种族，华人读《儒家伦理》，马人读伊斯兰教伦理，就会分化。

《儒家伦理》就有专门一章叫《君子的含义》，很突出君子的理念。我也想过这个问题，他们突出的不是圣人这个理念，圣人是大公无私的，君子可以爱财，但要取得有道。所以君子是容易做到的。我举一个例子，比如说在20世纪80年代，新加坡有一个部长被人揭发受贿80万新币，贪污调查局来调查他，他就要求见李光耀，李光耀不见，说等查出来以后再见，一个星期之后这个部长就自杀了，他写了一封信给李光耀，他说：“亲爱的总理，最近这两天发生的这些事我很难过，作为堂堂君子，我必须对这件事负全部责任，而且愿意接受最高的惩罚。”然后自杀了。新加坡对于经济犯罪没有鞭刑也没有死刑，他为什么去死呢？所以，马来人的议员就在大会上暗示说“是李光耀逼他死的”，李光耀说你们马来人不讲华人文化，华人很讲脸面，脸面分两个方面，一个是没面子，一个是丢脸。一个人没面子还可以立足社会，如果一个人要是丢了脸的话就很难立足社会了。李光耀说这个部长之所以自杀是因为他太丢脸了，不仅他自杀，他的妻子和女儿也永远离开新加坡不回来，为什么？因为他们太丢脸了。

“以俸养廉”，如果公务员的薪金太低了，一定会出现两种情况，要么就是最优秀的人才离开公务员队伍，要么就是公务员队伍腐败，这两种情况在新加坡都出现了。他们是“高薪养贤，厚入养廉”，主要集中在那些总理部长的工资特别高，所以2007年当时国会讨论政务官的工资问题的时候，很多反对党包括老百姓都抨击执政党，说新加坡是世界上最昂贵的政府，李光耀说，“便宜没有好政府”。理想的工资要从本来就是全世界最高的政府的工资，要加到307万新币一年，一元新币大约相当于5元人民币，307万新币大概是人民币1500万元一年。人们就说，“你不怕人们冲着那300万新币来当总理而不是为人民服务”，他说：“我不怕，我只怕他冲着三亿元的台币交易金”。除了“高薪养廉”以外，他们还有一个理念就是“高薪抢贤”，就是要吸引最好的人来当政治职务。第三个是“以规固廉”，杜绝腐败的机会，让人没有办法贪污。最后一个是“以法保廉”，使人不敢贪。新加坡没有死刑怎么使人不敢贪呢？我发现，他们的特点主要表现在对很小的腐败给予很大的惩罚。

我举个例子，有一个人在新加坡高速公路上开车超速了，交警第一要罚款，第二要记录，扣6分。开车的人说能不能不记录，因为今年我已经被记录过一次，再扣6分就要吊销执照了。交警照理说不行。这个时候开车人的老婆在旁边从包里拿出50块钱给交

警说，这是给你买烟的钱。交警照例回了一句话：“行贿是严重犯罪！”他老婆就把钱收回来，接着罚了款，也记录了。在我们中国这样就完了，后来我看了那个即时报道，“根据那个女的有行贿50元这样一个事实，处以2000元的罚款和2个星期的监禁”，也就是坐牢。我不太敢相信，如果说这样都坐牢的话，那咱们有多少人要坐牢？后来我就问新加坡的出租车司机，如果说你超速了，能不能给点钱交警私了，他们的一致回答都是“那是要坐牢的”。所以我认为反腐败是一个体系，光抓一面不行，必须得整个体系连为一体才能有效。李光耀说中国学新加坡要学一点一滴，而我们的成功关键是把那些点滴连贯起来。

第二大点从历史传承来看，我有一个解读：新加坡式民主≈“议会式民主”（让民做主）+“托管式民主”（为民做主）+“群众式民主”（认民做主）。他们创立了一个词汇，就是政府是人民的“信托人”，一旦在选举中获胜之后，就以独立的判断力来管国家。也许这个事老百姓一时不高兴，但是只要有利于人民的长远利益我还是做。这个叫托管式民主，有点为民做主的味道，这是东方的传统。还有一个是群众式民主。这点也可以说是我的一个发现，也就是来源于中国的优良传统，也就是认民做主，你就是我的主，我要为你服务。

新加坡的制度主要是议会式民主，我参加国会的时候发现，国会的议长规定是要穿礼袍还要戴假发。开国会的时候有一个规矩，议员先到国会坐好等议长到来，当议长来的时候，前面是会长扛着权杖走前面，议长在后面，然后所有议员全体起立欢迎他。国会里面的礼仪很多，比如说议长坐的位置，下面是副议长，这里有一张桌子，有两个托，权杖就放这个位置，权杖放前面的时候议长就享有最高的权力，如果权杖放到托的下面的时候议长就相当于议员。我们当时就坐在旁边的一个旁听席观看。在新加坡国会开会，即使是外国游客，记录登记之后也可以旁听，但是旁听的时候必须着正装。当时我想，这都是英国的礼仪和制度，所以我觉得新加坡之所以有这样的结果，都是有英国的制度做基础。

新加坡从英国学到了多党竞争、一人一票、秘密投票等，虽然说里面打了一些折扣，但是基本制度还是在，也就是说某某党腐败了、无能了，以目前的制度是会被选下去。尽管目前搞得还不错，像李显龙所在的选区，李显龙的得票率也就是66%，而与李显龙竞争的一伙人是从来没有从政经验的一帮小伙子，李显龙他们也很紧张，李显龙甚至上街拉票，所以他们的压力也很大。新加坡的制度第二个核心要素是东方的传统。比如吴作栋讲：华文第一课是“爸爸早，妈妈早”，富有伦理的味道，而英文第一课则是“A是Apple”的纯知识灌输。而他们领导人经常登着的相片上面，抱着小孩，抱着的是自己的孙子，这表明他们领导人鼓励他们要陪伴家庭，东方是老人抱着小孩，西方很多是抱着小狗。

我也发现东西方对政府的观念不一样，西方把政府看成是必要的恶，所以建一个有限政府，理念是“最好的政府，最少的干预”，其角色是“守夜警察”；而东方是把政府看作必要的善，目标是建立一个强大政府，理念是“最好的政府，最多的关爱”，其角色是“操心父母”。李光耀讲，可以用一个事例把新加坡和美国加以区别解释清楚：美国解决可怕的毒品问题的方法是跑到世界其他地区，帮助别国的反毒品机构尽力制止毒品供应。它提供直升机，打击贩毒集团，如此等等。而在新加坡，所能做到的是通过一条法律，规定在新加坡的任何海关官员或警察，当他发现任何人行为可疑，有理由认为是处于吸毒状态时，就可以要求此人进行尿检。一旦尿样中发现有毒品，此人立即被送入医院。而在美国，如果这样做了，那就是对个人权利的侵犯，他也将遭到起诉。

新加坡因为把政府看做是必要的善，它做得比较多，管得比较多，所以它有很多具体举措，比如他们强调“三世同堂”，如果你是三世同堂买房优先，而且强调把三室一厅和一室一厅相连，让老人住在一室一厅，子女和孙子住三室一厅，后来又规定只要离父母不大于五公里的话，政府就给补贴5万块钱。你看望父母的时候停车可以享受半价的停车月票，后来又把幼儿园和老人毗邻而建，这都是必要的善。这里面有共产党的优良作风。我们看李光耀说在应对共产党的过程中，我们学到很多东西。因为行动党建党之初有两派，一派是共派，一派非共派。非共派的特点就是喝啤酒、打高尔夫球、开轿车，包括李光耀一方面也这样子，另一方面也很卖力地工作，但是李光耀发现，亲共派的那些人深受华文教育，他们的深入作风是“打着赤脚下田了”，所以他很佩服他们。人民行动党之所以有比较高的道德水准，是在建党之初，也学到很多的东西，他认为我是看他们变戏法，只不过我不在台下看，我是在幕后看。从群众中来到群众中去，和老百姓在一起，他学会了这个。

2009年《南方日报》登了一个消息，说李显龙得不到民心，得不到选票，它有一个描述说，“这是一间称得上简陋的房子，除了几张平常的桌子，没有其他的摆设，墙上电风扇来回地摆动，屋子有些热，李显龙来回不停地擦汗”。李光耀最怕热，他说20世纪最大的发明是空调，李显龙也怕热，他为什么不用空调？就是要和老百姓打成一片。所以，他接见选民的场所叫“民事诊所”。我去一看有两个感觉：一是，心中一亮，我明白为什

么叫诊所，老百姓一排一排坐着，就像病人在等候看病，上面有一个电视机可以看着，最前面有一个议宫，进去以后跟议员说有什么困难，议员就会根据你的情况给一个信给相关部门，就像医生开一个药房，所以叫“民事诊所”。另一个是，眼睛一热，有点想流泪，我突然感觉到什么叫“为人民服务”！我们再看上图，是新加坡人民行动党的总部。这个总部的楼还不是总部一个单位用的，是他们的社区基金楼，这个楼里有300平方米是总部的办公楼，按道理总部就是党中央，那个总部就有意设在组屋中间，曾经有人建议说能不能把总部建高一点做成地标式建筑？李光耀说不行，他说“如果我们把总部建高建成地标式建筑，出租车司机经过的时候就会说，‘这个是我们的执政党，他是一个有钱的党’。这对我们不利。”

这里有一个问题，他们的做法从哪儿来的，他们告诉我们：“我们是学你们中国人的。”李光耀说，共产党搞运动的方法他们都学到的，只不过他们的运动跟“文革”的运动不太一样，我们是搞政治运动，他们是搞绿化运动、卫生运动、讲华语运动，既然共产党可以通过这个办法搞麻雀和苍蝇，我们为什么不能通过这个方法来建设新国家呢？由此我就想到，我们过去解放军进老百姓家里干三件事，第一打开米缸一看没有米，往里面倒；打开水缸一看没有水，拿起扁担挑水去；第三问小孩怎么样？如果说小孩有病了，马上就叫卫生员过来，接着就会有一个长得很甜，脸上两个小酒窝的女卫生员过来问寒问暖。有了这三个动作，老百姓就会说“咱儿子当兵去”，而有的人就说“国民党回不来了”。当时确实也有人想走的，看了这个情景之后也决定不走了。所以，共产党的组织、制度和意识形态本来是从革命年代确立起来的，它在危机和压力竞争中是很有效力的。你看涨大水、大地震，往往不会成为我们的一个灾难，而是成为我们提高党的威信的一个契机。

共产党的问题就是，一旦洪水平息了，地震没有了，奥运看完了，进入凡人小事、按部就班的时候就比较麻烦。而行动党之所以能够保留下来，因为他奉行的是英国的制度，东方的传统和共产党的优良作风。认民做主的作风能够保留下来是因为有让民做主的制度，他们讲我议员不好好干就落选了，我政党不好好干就垮台了。李显龙跟我讲，议员能干几届？党不能说了算，我党想让你干下去，但是你既然落选了，就更没面子了，与其你落选还不如我们党劝你下来。这和党内是一个协商，但是有党内在做后盾。所以我个人感觉共产党要焕发出活力来，要有竞争和压力机制。正好《联合早报》采访我，提的一个问题，他们说新加坡是一党执政，中国也是一党执政，你认为一党执政有没有前途？我说这个问题不好回答，说没有前途不好，说有前途也不好。后来我想了一个比较妙的回答，就像社会主义必须吸收包括资本主义文明在内的人类文明一切成果才能成功一样，一党长期执政的模式必须吸收包括两党轮流执政模式在内的各种合理因素才能有效。然后我讲，两党轮流执政是一个形式，它的核心是有竞争，让老百姓说得上话，所以你可以把竞争和让老百姓说得上话的实际引过来。比如说在他提拔干部的时候把民意的权利加强，民意占80%，这个时候干部就会往下看，而不仅仅是往上看。所以一党执政也可以有竞争。

最后我想讲的是西方对法的理解，可以体现在新加坡高等法院的塑像上。她是泰美丝女神，也叫正义女神，她的右手拿秉左手拿剑，意味着秉公办事，这可以说是西方对于法的理解。中华传统怎么理解法？我想起了我们古代繁体的“法”字，廌，独角兽，相当于正义女神，这三点水，端平一碗水，相当于天平，去是去除，相当于剑。所以我讲，中西方对于法的理解既有形式的不同，也有实质的相通。之所以有这个形式不同，可以说时代不一样，地理位置不一样。我举例子来说，因为时代不一样，我们是自然经济，所以我们代表公平是用水来端平，西方商品经济比较发达，是用秉来表示。所以，实质还是一样的，中西方共同的地方可以互相交流，不能以国情不同来拒绝人类文明的共同成果。但是，你确实又要跟国情结合起来。所以，我认为党的领导，人民当家做主，依法治国，如果在中国能够统一起来，就可能走出一条有中国特色的民主发展之路。

链接

提问： 第一个问题是关于吸收美国的两党制，在一个党里面形成两种竞争力量，会不会出现一党分裂的现象。第二个问题，我对新加坡比较粗浅的认识是，我觉得新加坡的党是竞争上岗，但是中国不管你做得好还是做得坏，还是可以稳坐它的交椅，所以我觉得这就是这两个党根本的区别。你从细枝末节那些东西去修补，怎么使中国可以达到像新加坡一党执政的水平？

吕元礼： 我认为一个制度的形成，它往往不是比优而是比劣，是在坏中求不坏，比如说"一夫一妻"，比来比去就是最不坏的模式。第一，我认为在制度选择上不要太理想化，要务实。第二，制度的形成往往是摸着石头过河出来的，在摸的过程当中不断地试错，慢慢修修补补中形成一个制度。你很难说搞成一个蓝图，照着这个蓝图去做，这其实是夸大了人的思维。所以，为什么说邓小平的"摸论"很有道理，因为实现目标过程不是一步到位的过程，而是一个不断接近的过程，就像刚才说的共产党有可能是缺乏竞争，缺乏压力，我们要一步一步去找压力，找竞争。就根本来说我们是有压力的，你不好好干也得干，但是问题是要把压力制度化落实在每个干部和党员的眼前。比如说我们党，从根本上都知道你不好好干会垮台，但是初级干部怎么样提升为副厅干部，就是要看上面而不是看下面，就是有这样一个问题。如果加大民意的权重等方式，可能会有一定的效果。第三，改革往往是在自身传统的基础上生长出的一个东西，会比外面引过来的东西更有效。中国擅于考试，也许考试以及过去的科举制度、监察制度会得到好的东西，但具体应该怎么做也说不清楚。

提问： 我曾经在新加坡参加非常短暂的学习，但是一直没有看到新加坡的选举，所以我非常关心新加坡政治的发展。我今天看到台湾民主的选举，但是新加坡的选举没有看到，所以我特别想问您一个问题，您也近距离地接触过新加坡的选举的问题，但是因为时间的关系您也没有谈到新加坡人民执政党的优势。你没有谈他背后一些东西，肯定还有很多策略，所以我想，人民执政党在竞选的过程中有什么策略。另外，人民行动党有什么主要的弱点，这对它以后的发展有什么影响。

吕元礼：您问人民行动党有什么弱点和策略，我觉得是有的。新加坡国会选举，它为什么老是能赢？廉洁有活力是最根本的，但是竞选是有策略的。第一，我把竞选看做是博弈，我跟学生设计了一个论文的框架，比如说首先是要打造博弈主体，在博弈的时候你可以代优化，包括刚才讲的党找人才。第二个，要设置博弈制度，因为在国会里面占有优势，它可以比较轻易或者比较随意地改变它的法律，只要国会通过就可以。它在国会里面占了82个议席。所以党的意思很容易在国会里面改变，它也设置了一些制度。我举个例子来说，过去很多都是单选区，一个区选一个议员，这种情况反对党更容易当选；目前很多是集选区，一个选区选四五个人，他是赢家通吃的规则。比如说我们两个集团竞争，你五个人我五个人，我得到51%的票，就是说我这五个人全部当选，你那五个人全部下去。反对党的人才不够，所以他基本上全部落选了。

人民行动党之所以搞集选也有一个说法，如果你专门搞单一的选区会有什么情况呢？就可能全部是华人当选，因为整个国家把那些种族打散了，每个选区基本上都是华人居多，如果每一个选区都是华人的话，这个国家就没有代表性了。再比如说，增加一些议席给反对党，什么意思呢？打个比方，如果反对党只赢得了两个议席，它就可以让落选的得票最高的那个反对党议员候选人进入，他可以参加讨论，在这里反对党肯定是有三个人在那里，以后可能会把这个人数扩大，比如说增加到八个人，因为老百姓反正选不上也会有减弱，一定让反对党当选人心理有压力。还有一个情况，一方面我希望一党执政，另一方面我又希望国会反馈这个声音，但是我只有一票，如果我都投人民行动党的话，反对党又没有人了。所以，基于这个情况反对党采取了一个策略，就是把国会竞选变成补选，什么意思呢？就是说我在一半以上的选区主动放弃跟你竞争，也就是说在大选投票之前人民行动党就已经没有竞争对手，我已经能够执政了。这一招也很灵，因为开始的时候反对党只有一席，后来有三席。但是，人民行动党也采取新的策略，国会选举不仅是选国会议员，也是选地方领导人，他把选区里面的行政工作让议员去做，这个时候选出来的老百姓就想了，我不仅要选一个在国会里面发出声音的反对党，我还要看选出这个人能不能把这个区治好。所以，这一招又把反对党的那一招化解了，后来一般不采取这个策略了。

最近李显龙也讲，在新加坡大选的前一天搞冷静日，因为在开大选会竞选的时候人山人海，人民行动党开大会的时候有5000人就不错了，看那个声势好像反对党当选，但是往往选出来的结果又是行动党。为什么呢？因为那10万人不一定全是本选区的，是别的选区的，这样反对党就弱了。然后他们平时看行动党也看多了，他们看到反对党来参加竞选他们就来帮吆喝。但是第二天投票时候又比较理性，他们会考虑得比较多，如果选反对党的话，我组屋翻新的机会就没有了，所以他们还是会投行动党的票。但是，总的趋势就是让反对党在国会里面发出更多的声音。另外，在新加坡一定要有一个强大的政党来执政，不能搞联合政府，不要说国会里面全部是那些小党，没有一个大党，最后只好联合起来执政，这种政府是无能的。

附件：广东省社会建设实践

1. 广东省地方服务型政府建设调研报告（摘要）

广东省省情调查研究中心（以下简称“省情中心”）从2008年起，专门成立了课题组开展“广东省地方服务型政府建设”调查研究。为持续监测广大居民对我省地方政府公共服务的评价和满意程度，促进我省加快实现基本公共服务均等化，省情中心在前两年调研成果的基础上，从2010年7月开始，以公众满意度为导向，从公众感受和体验的视角，继续在全省21地市开展了“2010年广东省地方政府公共服务公众评价”和“广东省政务窗口服务满意度”等系列调研，着重对公共教育、公共卫生、公共文化体育、公共交通、社会保障、公用事业、市政规划、环境保护、公共安全、市场服务、政务环境、窗口服务等领域展开评价与分析，旨在全面了解我省政府公共服务发展的现状，及时掌握公众的公共服务需求变化，充分把握主流民意，为各级政府进一步完善工作、提高公共服务水平提供参考。

2010年我省地方服务型政府建设整体呈现出“整体水平与公众需求存在差距，基本公共服务均等化建设有待加强，廉洁、公正、高效的政务环境尚未真正建成”的基本特征。表现为：我省地方政府公共服务总体满意度为64分，珠三角地区公共服务水平整体优于东西两翼和粤北山区，中心城区明显优于县（市）。公共服务公众满意度较高的珠海、江门、中山、广州、佛山等市均在珠三角地区，公众满意度相对较低的如清远、茂名、云浮、汕尾、阳江主要处于经济欠发达地区。政府公共服务水平与当地的经济发展水平、工业化、现代化程度均有着较为密切的联系。

各类基本公共服务间差异明显，公共教育、公共交通均等化初见成效，备受关注的生活保障、住房保障、就业保障、医疗保障等基本公共服务供给不足问题仍然十分严峻。在调查的十类公共服务领域中，公众对公用事业的满意度最高（71.4分），对公共教育、市场服务、公共交通的满意度次之，对社会保障的满意度最低（60.3分），评价最高项与评价最低项的差距达11.1分。

全省政务窗口服务总体水平仍然偏低，区域发展很不均衡，珠三角远高于其他三类地区，佛山、江门、广州、中山等市政务水平靠前；办事效率是窗口服务水平的“最短板”，服务于企业的烟草、税务等部门的服务满意度远高于执法部门。

我省地方服务型政府建设中主要存在公共服务供给主体的服务理念仍未真正树立，基本公共服务供给距均等化目标仍有较大差距、社会保障是基本公共服务供给中的“最短板”，维护公共安全任务依然艰巨，廉洁、公正、高效的政务环境尚未真正建成，行政服务中心合法地位亟须确立等突出问题。我省须加快转变经济发展方式，促进产业结构升级，为率先实现基本公共服务均等化夯实经济基础；树立社会建设新理念，强化服务型行政文化建设；以完善公共财政为突破口，优先推进基本保障类公共服务，加强对重点地区、重点人群的基本公共服务供给；建立和完善基本公共服务均等化绩效考评机制，强力推进基本公共服务均等化；要尽快确立行政服务中心合法性地位，深入推进大部制改革，促进行政效率提升。

（冯胜平、林楚顺、徐刚、史玉梅）

2. 广东省社会健康程度调查报告

“社会温度计”是将民意作为社会温度计量的标尺，将民生作为社会健康程度的主要标准，通过一手的社会调查数据、科学的数理统计和客观的综合分析，定时地全面了解民众对社会的整体感知，探测百姓生活的冷暖，掌握社会情绪与社会发展的总体态势。

为及时把握我省主流民意和社会心理情绪，准确测量社会温度，深度探测民生政策走向，广东省省情调查研究中心从2010年5月开始在全省范围内启动了“社会温度计”专题调查，重点针对广东省城镇居民当下“遇到的最困难的问题”、“最希望政府解决的问题”、“当前最关注的问题”、“认为社会存在的重大问题”和“对社会发展前景的预期”等五大方面进行问卷抽样调查，动态掌握居民最关注的热点、难点、焦点问题，深刻揭示我省在经济社会转型与构建和谐社会过程中的主要矛盾和面临的突出问题，为各级政府改进工作，切实解决民众最关心、最直接、最现实的利益问题，推动经济社会和谐健康发展提供决策参考。调研显示：

一、广东省居民目前工作和生活中最困难的问题是：

1. 物价上涨太快；

2. 房价高，买（换）不起房；

3. 收入低；

4. 看病贵，药价太高；

5. 家庭经济负担重。

表明我省大多数城镇居民的可支配收入仍然偏低，个人及家庭生活不堪重负，成为影响家庭和睦、社会和谐的重要因素。

二、广东省居民认为我省当前存在的最重大社会问题是：

1. 工资涨得慢；

2. 看病难、看病贵；

3. 收入差距过大，贫富悬殊；

4. 贪污腐败；

5. 住房价格过高。

表明社会分配不公、缺乏社会保障是我省当前存在的重大社会问题，成为影响社会稳定、经济可持续发展的核心因素。民意表达强烈不满。

三、广东省居民最希望政府改善或解决的问题是：

1. 看病难、看病贵；

2. 提高居民收入；

3. 稳定物价；

4. 缩小贫富差距；

5. 房价太高。

表明人民群众对政府提供基本公共服务和解决社会公正方面充满期待，并希望政府下大力气加以解决，真正使“公平正义比阳光还要光辉”。

四、广东省居民最关注的问题是：

1. 提高收入；

2. 反腐倡廉；

3. 贫富差距；

4. 就业问题；

5. 医疗保障。

表明人民群众最关注的问题热点是收入及其分配、反腐倡廉和就业医疗保障，多年来在这些方面的改革成效尚微，力度不够。

五、半数以上居民对我省社会发展前景持观望态度（参见下图）。

当前民意最不满意，社会影响负面最大、最希望解决的问题

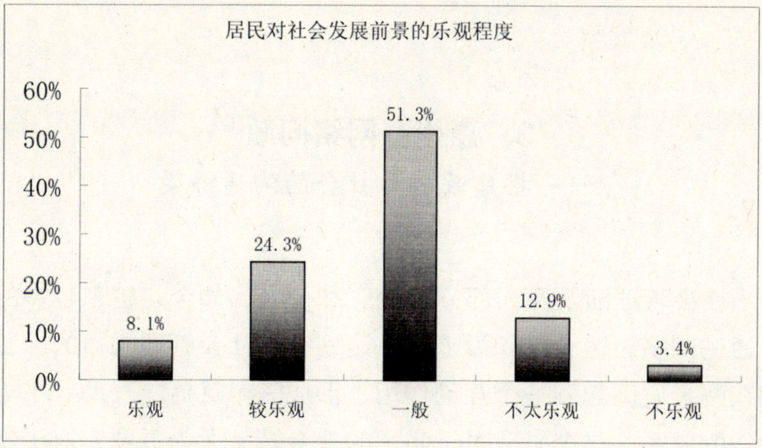

集中归结在收入分配、基本民生保障和贪污腐败三个方面。因此当前主要对策应优先选择:

1. 狠抓收入分配结构调整，迅速提高劳动者劳动报酬。解决收入分配问题是治理当前诸多重大社会问题和推进经济、社会发展的关键点与重要抓手。

2. 加快推进基本公共服务均等化的贯彻实施。当前迫切需要各级政府在《广东省基本公共服务均等化规划纲要(2009—2020年)》的指引下，尽快制定完善符合当地实际情况的实施细则，加快推进基本公共服务均等化的实际有效贯彻实施。

3. 进一步加强廉政建设。继续加强廉政、勤政建设，密切干群关系，不断完善对不正之风的监督机制；建立群众举报查处通报制度，以高效、亲民、廉正、公开的政府形象，促进社会公正。

4. 会聚民众智慧，继续深化体制改革。加快建立完善民众利益表达通畅机制，让社会各阶层民众有更多利益表达渠道，提高公众参与社会公共事务的热情，使人民群众真正成为改革的主体、动力源和受益者，推动和谐社会全面发展。

（冯胜平、郑梓桢、林楚顺等）

3. 惠州：网络问政[1]
——搭建政府与社会的沟通桥梁

社会管理涉及两大部分：政府和公民。如今，越来越多的网民通过网络表达意见和诉求，以达到参与社会管理的目的，互联网在两者之间起到一个互动作用，形成一个互信、互助、平等、合作的关系。这个平台对于当下的社会转型尤为重要，对于塑造强政府、强社会起到非常关键的作用。惠州市委书记、市人大常委会主任黄业斌说，互联网是政府创新社会管理、倾听民意、倾听呼声的一座连心桥。在互联网时代，政府与公民的关系定位，取决于双方的心态。

2008年，在这个被誉为中国网络问政元年的8月，一次网络事件让惠州市在全国率先踏上网络问政制度构建的探索之旅。当年6月15日，惠南大道通车前夕，网友“hzhqzxs”在本地论坛发了一个帖子，呼吁惠城区、惠阳区之间开通公交车，让惠南大道变为惠民的大道。帖子很快引来热议，众网友纷纷声援，疾呼惠南大道撤销收费站、开通公交车。市委书记、市人大常委会主任黄业斌对此给予了极大关注。在帖子发出后的第10天，黄业斌作出批示，责成相关部门尽快拿出解决方案报批。黄业斌的批示在网上一挂出，就引来网上一片叫好声。从此，批帖成为黄业斌亲力亲为的一项重要工作。从2008年7月至8月，黄业斌批帖达109条，在惠州市各大网络论坛引起强烈反响。

市委书记的时间、精力是有限的，且此项工作缺乏制度保障和互动机制，在这样的情况下，经市委常委会专题研究决定，惠州报业传媒集团旗下“今日惠州网”“惠民在线”论坛应运而生。2008年8月14日，黄业斌作为首位嘉宾做客“惠民在线”论坛。随

① 原载《惠州日报》。

后，市委副书记、市长李汝求等市领导也上线与网友互动，并定期与网友进行在线交流，问需于民、问计于民，不断提高政府决策的科学化水平。在黄业斌、李汝求等市主要领导的带动下，各县（区）和市直部门“一把手”也日益重视网络民意，纷纷通过“惠民在线”论坛与网友互动，主动回应网友的各种诉求，推动网络问政工作全面铺开和发展。

惠州市通过网络问政工作，解决了大量社会普遍关注、关心的热点难点问题，处理了不少群众投诉已久未获解决的问题，化解了大量社会矛盾、纠纷，在一定程度上减少了群众上访，有效促进了社会和谐稳定。通过网络问政工作，网友向党委、政府提出大量科学合理的意见和建议，内容包括城市规划、道路交通、区域发展、农村农业等方面，这些意见集中了民智，反映了群众对经济社会发展的看法和见解，为党委、政府决策提供了有益参考，也促进了党委、政府与群众在重大政策、决策上意见的融合和统一。通过网络问政工作，各县（区）、各部门积极探索建立健全网络问政工作机制，成立了网络问政工作领导小组，配设专门人员，建立工作机制，甚至缩短群众信件的回复时限，提高办事效率。通过网络问政工作，及早发现和解决一些苗头性、倾向性问题，有效引导网上热点、焦点问题。通过网络问政工作，惠州市制订了网络反腐倡廉舆情相关处置办法，加强反腐倡廉舆情的收集、研判、把控、疏导和处置。

目前，惠州市创造性地建立了一系列工作机制和平台，使网络问政成为一项常态化、制度化和规范化的重要工作，无论是工作运作机制、检查监督机制、问责考核机制，还是“惠民在线”论坛、网络问政综合信息平台、“书记微博”、“党政领导信箱”等，都已成为社会熟知、群众认同的品牌。惠州市的网络问政工作已成为排解民忧、化解矛盾的“直通车”，了解民意、会聚民智的“连心桥”，转变作风、提升服务的“助推器”，引导舆论、处置舆情的“前沿哨”和网络反腐、行风监督的“千里眼”。

4. 珠海：加强创新社会管理[①]

——珠海康宁社区经验与启示

传统计划经济体制向现代市场经济体制的转轨，导致社会管理压力巨大，社区工作形势严峻，呈现出“三大突出矛盾”：政府职能不到位与社会管理需求之间的矛盾；居委会作为政府的“腿”与作为居民的“头”的角色和职能不分的矛盾；社区服务的大量需求与社会组织发展缓慢的矛盾。康宁社区是香洲区翠香街道所辖的一个社区，其中，香柠花园南区下岗人员多、困难户多、残疾人多、上访人多、历史遗留问题多，是典型的“老大难”社区。康宁社区在成为珠海市社会管理体制改革试点单位后，通过加强社会管理创新，加强民主自治改革，使政府归位，社区自治，实现了由乱到治的根本转变，破解这“三大突出矛盾”，在建设“幸福康宁”的道路上迈出了坚实的步伐。

一、社区居委会回归法律地位，成为居民权利的表达者和维护者

确立居委会的自治地位和权威是实现社区自治的前提。康宁社区对居委会运作机制进行改革，使居委会成为居民权利的表达者和维护者。一是理顺政府与居委会的关系，实行行政事务社区“准入制”。翠香街道先后出台多个指导性文件，通过社区公共服务工作站，拦截、过滤政府下达的大部分行政管理和公共服务任务，将居委会的“协助”功能限制在一定的范围内，政府下达的任务以确有必要为前提。二是打造社区党总支、居委会、公共服务站“三位一体”工作机制，充分体现党政主导作用。打造社区公共服务平台，将现有8名工作人员分工，5人做公共服务站工作，3人做居委会工作，交叉任职，使居委会有更多精力开展

① 原载《珠海特区报》。

“居务工作”。三是构建社区民主自治运行机制。按照“议事—决策—执行—协助—监督”要求，构建“社区居委会—业主委员会—居民小组”三级网络，完善议事规则。

二、以社区服务为中心，大力发展社区社会组织

自治的核心在于公民组织化的有序参与，并以有组织的方式表达自己的意愿。培育和扶持社区社会组织是深化城市社区管理体制改革的重要内容。一是大力推行业主自治，实现物业自主服务。成立了“香柠花园南区物业服务社”，负责小区的物业管理，除必要的办公经费和工作人员开支，结余资金积累起来全部作为小区的公共维修基金、小区活动和未来发展规划，并接受广大业主的监督。这种业主自我管理不提成不分红，有效地降低费用成本，避免了物业公司和居民之间的矛盾，体现了“三心”：居民“关心”、管理“用心”、业主“放心”。二是发展社区社会组织，完善社区公共服务。成立“珠海市邻里互助社”，在社区开展居家养老日托、卫生、康复等服务，成为社区居民温暖的家。群团组织工作重心下沉，团市委和市妇联分别在社区内设立“共青团社区青少年服务站”和“晴朗天空妇女儿童服务中心”。目前，社区已建立了多个服务平台，使居民不出社区就能享受到周到的生活服务。

三、明确角色定位，处理好政府组织与自治组织之间的关系

基层政府从领导到指导、从包办到重心下移、从管理到服务转变，以实现对社区民主自治的有效推动。一是转变角色，积极推动街道职能转型。翠香街道在职能和角色转变中，努力重构街道与居委会的服务与合作的互动信任关系，将各项管理和服务职能与社区民主自治紧密结合起来，工作到社区，服务到社区。街道成立社区管理综合服务队，主动承接社区约20%的行政工作，将社区约20%的行政事务工作交由社会组织购买服务，使居委会腾出更多精力，推行社区民主自治。充分利用社区资源为居民办事，建立社区监督委员会，发挥居民代表、驻区单位代表、志愿者代表的监督作用。二是强化考核，积极增强对社区公共事务的回应

性。翠香街道对社区管理人员的业绩考评，由街道、居民代表大会、社区监督委员会、社区社会组织共同进行，其中街道考核比重只占40%，大幅提升居民测评权重。还根据各社区特色，制订了个性化的考核。打造社区网络问政平台，通过“数字社区”，将民意测评结果作为社区居委会年度考核的重要依据。

四、加强社区党组织建设，发挥基层党组织的领导核心作用

正确处理社区自治与社区党建的关系。一是加强社区党组织的组织建设。康宁社区党总支现有党员336人，3个由居民自主选举产生的“小区业委会”，全部建立了党支部，做到哪里有社会组织，哪里就有党组织建设，党支部成员就在哪里发挥先锋模范作用，形成了“党组织带动社会组织，促进自我管理，党员带动群众，促进自我服务”的民主自治推进机制。二是加强社区党组织的队伍建设。社区利用党员多的优势，依靠党员带头开展民主自治先行先试工作，动员党员积极参与业委会、楼长、住户代表等职位的竞选。社区现有楼长122名，其中党员楼长97名，约占80%，大大强化了党的核心领导。社区还设立小区党支部、业主委员会、物业管理公司“三位一体”的居民议事厅，开创了物业服务、居民自治、党员监督的“三方共管”模式。

五、加强社区社会工作者队伍和志愿者队伍的建设

社区民主自治需要有志之士去积极参与和全身心地投入。一是建立一支专业化、职业化的社工队伍。康宁社区在实践中，努力构建一支高素质的社区工作者队伍。社区把用工身份的区别改为职务区别，又由职务区别改为岗位和贡献大小的区别；狠抓综合业务，建立了对外服务登记本，以便联络前来办事的居民，提升社区服务质量。二是推动社区志愿者工作发展。开办社区慈善超市，创建“志愿服务时间银行”，使志愿服务日常化、制度化。组建社区自己的志愿服务组织，开展“自助式”服务，引进专业志愿服务组织，开展“流动式”服务。推动大学生志愿者服务进社区。

六、大力培育社区民主自治的公民文化

受长期以来的“官本位”思想和权力文化的影响，社区民主自治缺乏深厚的民主自治文化传统。推动城市社区民主自治，必须大力培育社区民主自治文化。一是营造良好氛围，激发居民参与热情。康宁社区通过宣传《居民委员会组织法》等法律知识、典型社区民主自治的经验做法等，对公民进行积极的教育和引导，培养居民的参与意识。二是利用文化资源，签订社区文明公约，实现居民价值认同。充分利用社区优势文化资源，开展社区群众喜闻乐见的文化活动，调动居民参与社区活动，制订了《邻里文明公约》，将邻里之间联系在一起，解决城市社区“背靠背”的问题。

康宁社区的实践折射出城市社区民主自治实现四大转变的重要意义：第一，从“行政社区”向“自治社区”转变，变过去政府由外向内、由上而下的管理体制为居民自下而上自治模式；第二，从“被组织”向“自组织”转变，培育社区各类社群组织并形成“自组织”秩序，让公众通过“自组织”来参与社区活动；第三，从“个体意识”向“共同体意识”转变，建立一个具有自我控制与协调能力的人所组成的社会生活共同体，让聚居于这个区域并且有稳定利益联系、文化观念和互动的人群形成“共同体意识”；第四，从“控制服从”向“协商对话”转变，政府的管制与命令逐步让位于与社区居民和非政府组织的协同行动，使民主协商成为社区公共生活方式和行为习惯。

5. 深圳：社会工作模式——尝试政府购买社工服务[①]

深圳市根据社会工作的特点和要求，结合深圳的特点，市政府对推进社会工作进行整体规划，形成了具有深圳特色的社会工作模式——政府购买、民间运作、加强督导。

一、深圳社工发展的最大特色就是建立以“政府购买”为主的运作方式

政府购买社会服务起源于西方，已经有八九十年的历史，但在我国尚属初始。政府一改过去直接承办服务的做法，将政府“直接养机构、养人办事”转变为向有资格的社会组织购买服务，这是深圳社会管理体制改革的重大创新。

购买服务的费用包括社工工资薪酬以及社工机构培训、管理和运行成本，市区两级财政通过调整财政支出结构，逐步加大对社会工作服务的财政资金投入，加大对社会工作服务的购买力度，特别是区财政成为承担这部分经费的主体。2008年1月，深圳市6个区和光明新区与9个社工机构签订了购买社工服务的意向协议，购买了329名社工的服务。两年来深圳不断加大政府购买服务的力度，2008年市区两级政府购买社工服务岗位经费达到5000多万元，2009年，将社工岗位增至近800个，支出总额增加到7000多万元。至2009年底，社工岗位总数已增至820余名，服务领域延伸到家庭社区、心理健康、企业等新的领域。

深圳在社工制度建设方面走出了一条创新之路——不但将社工岗位服务购买纳入政府采购体系，而且努力做到专业化、操作性、可跟进性以及可评估性，并可不断改进。

① 载《特区实践与理论》，2010（6）。

二、深圳市社工制度设计的另一大特点是民间化运作

公益性民间组织是社会工作的重要承担者。社工机构不仅成为政府与社工之间的中介，而且为社工提供经验交流、专业技术提升的平台，是培育社工成长的摇篮。培育符合条件的社工机构是建立社工制度的关键，为此，在2007年7月，深圳首家非营利社工服务机构成立后，经过一年多的发展，就增加到30多家。各个机构根据自身特点，针对不同的群体如老年人、青少年、残疾人、军休、优抚、低保、妇儿等需求，提供机构最专业的社工服务；同时随着经验的积累和社工工作的推进，各个机构在着力进行社工项目开发，如民间机构养老服务、孤残寄养儿童社工服务、家庭防暴服务等。

政府鼓励社工机构之间公平竞争，在2009年5月进行的全市社工岗位统一采购中，有7家社工机构没有竞到标，有3家机构在竞标中失去原有的岗位。有效的竞争机制使深圳社工服务机构总体上保持了积极的进取精神，活力明显。到2009年底，全市民间社工机构发展到38家。

三、充分发挥地缘优势，合理引进香港社工经验——建立社工督导机制

督导是社会工作专业训练的一种方法，其目的在于使被督导者能够学习专业社会工作者的行为、角色，将社会工作的理论知识、价值和技巧内化，并学习按照专业社会工作者的职责有效率地完成工作，是保障社会工作服务质量和工作水准的重要手段。

深圳社会工作和社工队伍处于初创阶段，急需高素质的督导，以提高深圳社工的专业水平。为此，试点阶段由政府出资，向香港基督教服务处和香港社会服务发展研究中心聘请了31名督导，并从深圳优秀社工中选拔了35名督导助理，协助香港督导工作。在试点前期，督导工作的主要内容包括提供社工实务建议、传授专业技巧和知识、提供社工精神支持等，试点后期，督导也参与了社工机构和岗位的设置、评估等工作。

（刘晓玲）

6. 广东公众社会心态定向研究
——基于群体性事件的分析视角

近年来，因各种社会矛盾引发的群体性事件爆炸性增长，社会影响越来越大，成为干扰社会稳定和治安秩序的突出问题。群体性事件的成因是多方面的，社会心态因素是一个不可忽视的分析角度。“社会心态”通过流行词、舆情事件、群体性事件等载体表现出来。群体性事件是社会心态的极端表现形式，从群体性事件背后隐藏的社会心态切入，揭示从心态到群体性事件的行动逻辑，把握这种社会心态在广东公众中的分布状况和特点，对于预警和处置群体性事件，加强社会管理、促进社会和谐稳定发展具有积极的理论和现实意义。

一、近年来群体性事件中社会心态的变化趋势

从社会心态的角度分析，近年来的群体性事件呈现出以下三个主要特点：

1. “怨恨变量”增长，群体性事件的规模和数量激增。

2. 泄愤心态加剧，群体性事件的“非直接利益”参与者增多。

3. 社会心态极度脆弱，发泄阈值降低。

社会心态是引发社会行动的前提条件，但二者并不具有逻辑必然性；群体性事件是社会行动的极端形式；公共空间、事件诱因和事件现场是群体性事件产生的三个重要场景，控制好这些场景的公共舆论和情绪基调，便基本掌握了引导社会心态良性变化的钥匙。

二、对策建议

（一）建立全方位跟踪机制，及时掌握社会心态的发展动向

做好对重点区域、重点领域、重点群体（以下简称“三重”）社会心态的监测、评估及预警，有效防止不良社会心态的

进一步集聚和扩散。

1. 建立全方位的信息收集系统。整合高等院校、科研机构以及各类社会信息安全服务机构的力量，成立由省委宣传部牵头，各社会调查团体参与的社会心态信息采集系统。利用公安系统和国家安全系统已建立的网络信息平台，加强对网络舆情的收集和监测；特别是加强对重点网站后台监控系统过滤掉的有害不良信息的收集和分析，以掌握更具动态、深层次的社会心态信息。建立多层次的舆情上达渠道，推进社会心态调查方法的科学化和技术化，增强所收集信息的全面性和真实性。

2. 建立科学的信息评估及预警系统。进一步量化社会心态内部要素，建立精确、完善的社会心态评价指标体系。定期对社会心态走向进行研判，并围绕当前热点问题开展深层次、综合性的研究。结合社会心态评估分析结果，对“三重”社会心态实施重点监控，确定群体性事件心态的临界指数，以提高政府的应对能力。

（二）完善立体式干预机制，引导社会心态良性变化

科学干预、积极调适，是化解社会矛盾、塑造健康社会心态的关键环节。必须采取一切手段，主动介入，加强对“三重”乃至全省民众个体心态、公共舆论特别是热点话题的引导，形成立体式的社会心态干预工作体系。

1. 加强宣传教育和心理辅导，提升个体心态的自我调适能力。通过新闻宣传和文化教育等手段，推进道德、理性、情感和法制教育。引导民众完善个人目标，培养自尊自强自律意识；理性评判现实、正确处理个人得失和人际关系；稳定平衡情绪，增强对挫折的承受力和应变力；尊重法律法规，善于利用法律手段维护自身权益。扩大文化事业惠民政策的覆盖面，以健康丰富的文化生活消除民众内心的忧郁感、孤独感和失落感。推进心理卫生事业发展，健全心理咨询网络。建立以弱势群体为对象的救助中心、危机干预中心或心理热线，专门处理以弱势群体为高危对象的心理咨询和心理矫正服务；借鉴西方国家的“工作生活协调

机构模式”（EAP），将心理服务纳入企事业单位员工的福利系统，常规性、有针对性地对员工进行精神疏导和心理减压；采取政策优惠措施，推动心理服务业的社会化和市场化；鼓励心理学专家和志愿者到基层开展服务。

2. 拓展社会沟通渠道，引导社会心态理性化表达。拓展社会沟通渠道，即是在政府与群众之间安装一个双向互动的“缓冲阀”，让民众能及时、充分表达自我利益需求，又让政府能适时根据民众意见作出政策调整，从而使社会张力得以消除，社会冲突趋于缓解。要健全信访、投诉、举报、请愿以及游行示威等多维度利益诉求机制，为民众提供情绪宣泄、意见表达的出口。要推进司法和律师队伍建设，提高司法系统的公信力和说服力，提高民众用法律进行维权的自觉性和自信心。要规范和促进社会组织发展，使民间机构、社会组织、行业组织成为内部成员交流感受、诉说委屈、发泄情绪、提出建议的渠道，避免不良社会心态在社会领域的过度集聚。要以农村村委会、城市社区为重点，推进基层民主化建设，提升民众的公共协商对话能力。要完善和扩展政务公开、决策听证和民意调查制度，确保民众获得对称性信息，有效监督政府行为，增进民众对政府的信任感。

3. 加强公共舆论引导，营造良好的社会心态环境。抓好公共空间建设，占领舆论引导的主阵地和制高点。做大做强主流媒体，围绕“三贴近”原则，不断提升主流媒体的亲和力、公信力和权威性；拓展传媒发展空间，将传统纸媒与现代传播手段有机结合，形成报、刊、网、手机报等互为联动的“大传媒”格局；推进社区、村镇、企业、校园以及军队基层组织和文化建设，提高组织对内部成员心态的自我校正能力。推进策略方法创新，增强舆论引导的针对性和实效性。抓住形势苗头，及时反映社会舆论的新趋势新动向，抢占舆论先机；设置适当议题，引导或转移公众焦点，形成预期的舆论方向或情绪氛围；组织专家讨论，形成主导舆论，及时统一群众的思想意识，防止不良舆论对社会心态的干扰；树立正面典型，以鲜活事例引发民众对同等状况、同类事务的感性共识；加强理论引导，通过严谨的事实证论，提升民众对形势或特定现象的理性认知水平，增加舆论引导的深度和力度。

4. 加强对热点话题的监控和引导，防止社会心态向群体性社会行动的转化。要建立突发公共事件新闻发布应急机制，坚持第一时间发布权威消息，有效化解负面影响，使正面声音先声夺人。要成立重大事件专门调解小组，一旦发现有严重利益侵害事件发生，立即研究应对方案，责成当地政府或直接赶赴现场进行思想安抚和心理疏导。

网络是热点话题形成并扩散的主要渠道，也是社会心态高度集聚并导向激化的关键场所，必须特别加以重视。要推进网络管理技术创新，有效防止少数人利用匿名身份的恶意中伤和造谣行径。要推进网络立法建设，培养优秀、精干的网络执法人员，构建严格的网络法律防线。要根据网络舆论的特点，对热点话题实施“软引导”。一是团结和培养观点中肯、发帖量大、有一定号召力和影响力的“高级网民”，树立“意见领袖”；二是利用跟帖方式，对明显偏离基本新闻事实和主流舆论的言论进行评论和反评论，使不良社会心态在舆论的多元碰撞中走向理性、平和。

（三）建立群体性事件心态应急疏导机制，防止社会心态的激进化和暴力化

对群体性事件心态进行应急疏导，即是在群体性突发事件发生过程以及之后，通过有效途径，缓解当事人的内心紧张，促使现场情绪从激进转为平和、从非理性转为理性，以避免事态扩大和暴力行为发生。

1. 迅速组织力量进入现场，掌握平抚事件民众的主动权。启动应急预案，安排当地党委或政府主要负责人第一时间赶赴现场，以实际行动稳住人心，争取得到事件民众的理解。组织突发事件调查小组，利用各种渠道调查事件缘由，并根据事件性质和现场情况制订出应急方案。成立由心理学家、社会学家以及应急谈判专家等组成的群体性事件心态调解小组，具体指导相关部门

或直接进入现场开展安抚教育和心理干预工作。

2. 运用灵活的策略方法，有效消解事件民众的激进情绪。锁定事件“牵头人”（策动者、组织者和指挥者），重点开展心理攻势，并利用其影响力和感召力，将群体心态引向可控范围。采取正确的疏导方法，灵活而不失原则地实施现场干预。要具体做到“三个坚持”：一是坚持安抚化解，严格遵循“三个慎用”（慎用警力、慎用警械、慎用强制）和“三可三不可”（可散不可聚、可顺不可激、可解不可结）原则，从情、理、法三个方面给予当事群众关心和理解，最大可能地消除对立情绪；二是坚持政策宣传，严格依照政策和法律进行说服沟通，不以言代法，不乱开口子；三是坚持平等对话，虚心听取群众意见，通过协商共同查找问题原委和解决方案，不妄自尊大，不以势压人。把握公共舆论的主流方向，防止不利于矛盾和平化解的信息的传播。利用主流媒体的宣传优势，及时、全面地公开事实真相，动态跟踪事件进展，适当公布事件处理情况，以防止各种猜疑和谣言的蔓延；利用网络传媒和手机短信等现代化信息手段，通过“断言”、“重复”式的信息灌输，与谣言争夺受众，促使被鼓动群众尽快摆脱激进情绪和从众心理的支配，恢复理性判断。

群体性事件现场是民众情绪宣泄的场所，也是调节者和被调节者意志比拼的战场。在引导事件主体心态良性变化的同时，也必须高度重视对现场协调和执勤人员心态的调节。要教育政府官员客观看待群体性事件，不能简单地把“聚集”视为“闹事”，把事件主体看作“乱民”和“蓄意捣乱者”。要培养政府官员自信、乐观、冷静处理群体性事件的情绪和心态，提高其面对指责甚至谩骂等过激行为时的忍耐力和自制力，防止被现场情绪牵引或被少数敌对分子利用。要定时换防现场警察或保卫人员，尽量减少执勤人员与事件民众直接对峙的时间，以防止因烦躁或报复心理而产生的过激行为。

3. 做好善后复查、安抚以及总结工作，防止类似事件的再发生。加强事后心理干预，尽可能化解参与群体内心的紧张感和恐惧感，促使事件造成的损害最小化。特别是不要“秋后算账”，或在暴力平息事件之后扩大打击面，制造新的冤假错案。公开事件处理结果，广泛开展社会教育，增强民众理性诉求、合法维权的意识。总结经验教训，进一步找出缓解和引导群体性事件心态的规律，并将之作为政府的重要决策依据。

（周薇等）

7. 番禺区“生活垃圾焚烧发电厂”规划建设周边民意调查报告

为真实地了解番禺区居民对“生活垃圾焚烧发电厂”规划建设的看法，深入了解民众的呼声，充分反映民众的意愿，为环评部门提供民意参考，广东省省情调查研究中心对该规划地周边居民开展了快速抽样问卷调查。对象重点为“番禺大石垃圾焚烧发电厂”规划地周边的村民和南国奥园、丽江花园、新月明珠花园、广州雅居乐、锦绣香江、祈福新村、华南碧桂园、华南新城、广州碧桂园、太子花园、锦绣生态园、碧桂园东苑等小区的业主，主要采取现场随机拦截访问、定点发放问卷等方式进行。

一、本次调查显示，有96.2%的受访居民知道番禺区大石街会江村附近将建设垃圾焚烧发电厂，表示“不知道”的仅占3.8%。表明，番禺大石规划建设垃圾焚烧发电厂受到广大居民和媒体的高度关注，尤其是对规划地周边地区居民的工作生活产生了重大影响。

二、据有关媒体报道，有关部门表示焚烧发电这种垃圾处理模式先进，将采用欧洲成熟的垃圾焚烧发电技术，释出的二噁英含量非常少且可控，不会对周围市民的生活环境造成影响。对于这一观点，本次调查中，高达92.5%的受访居民表示“不信任，周边污染将会非常严重”，5.8%的人认为“不太可能，周边会有污染”，表示“信任”的仅占0.6%，另有1.2%的受访者表示“不清楚”。

调查中发现，居民对有关部门的解释不信任的主要原因有以下几点：

1. 号称达到欧盟标准的广州白云区李坑垃圾焚烧厂周围臭

味熏天，附近居民称这几年得癌症的人越来越多。如何解释此现象，将是有关部门说服番禺居民接受垃圾焚烧厂面临的最大问题。

2. 垃圾焚烧厂建成后由企业经营，对政府将如何有效监管，保证企业在运营过程中不片面追求经济利润、体现社会责任，居民存有疑问。这也从侧面反映了企业的诚信建设亟待加强。

3. 垃圾焚烧处理工艺及其危害性目前争议较大，不少业界权威专家通过各种渠道表达了反对国内建设垃圾焚烧厂的意见和看法。

4. 国外垃圾焚烧处理厂不断减少的态势，其根本原因是工艺落后还是确实不再需要那么多焚烧厂，目前莫衷一是，各说纷纭。

三、调查显示，高达97.1%的受访居民不赞成在番禺区大石街会江村附近建设垃圾焚烧发电厂，表示“赞成，但要有更合理的规划及环境保障”的仅占1.7%，认为“无所谓”的占1.2%。交互分类显示，居住地离拟建设的垃圾焚烧发电厂约1～2公里的受访居民表示“不赞成”的比例最高，为100%；其次是2～5公里的，表示“不赞成”的比例为96.5%，5～8公里的表示“不赞成”的比例稍低，为94%。可见，离拟建设的垃圾焚烧发电厂越近的居民反对的呼声越强烈。

调查发现，受访居民不赞成在番禺区大石街会江村附近建设垃圾焚烧发电厂的主要原因是规划不合理，垃圾发电厂周边人口密集，旅游景点众多，将会恶化环境，被选比率为100%。详见下表：

受访居民对在番禺区大石街会江村附近建垃圾焚烧发电厂不赞成的原因	**被选比率**
1. 规划不合理，垃圾焚烧发电厂周边人口密集，旅游景点众多，将会恶化环境	100.0%
2. 垃圾焚烧过程中将产生大量的一级致癌物二噁英，未必能完全有效地得到过滤和控制	97.9%

（续表）

受访居民对在番禺区大石街会江村附近建垃圾焚烧发电厂不赞成的原因	被选比率
3. 垃圾焚烧发电厂建设与民生息息相关，政府有关部门在决策过程中未能广泛征求民意	94.4%
4. 国内外已建成的垃圾焚烧发电厂周边问题众多	89.3%
5. 垃圾焚烧处理技术是否为国际先进的垃圾处理工艺及污染范围目前争议较大	83.1%
6. 垃圾焚烧发电厂建成后，将可能会导致番禺区尤其华南板块房价大幅走低	68.2%
7. 其他	32.8%

本次调查高达97.1%的受访居民反对在番禺区大石街会江村附近建设垃圾焚烧发电厂，面对如此民意与决策初衷的极度背离局面，相关部门应需高瞻远瞩，全面、充分地论证项目的可行性。在番禺区大石街会江村附近建设垃圾焚烧发电厂，首先，将会对附近居民的身心健康造成极大的伤害，无论有关部门如何强调技术的成熟性、设备的先进性，都不能从根本上消除居民对垃圾焚烧发电厂的担忧，这对附近逾30万的居民将长期造成巨大的精神压力。其次，附近居民的直接利益将会受损。垃圾焚烧发电厂的建设可能会对整个华南板块的房价造成较大影响，很多小区业主穷其一生换得的房屋将面临房价大幅缩水。另外，综合广州原八区居民的意见也可以看到，规划位置位于番禺区华南板块中央、新规划的“广州新火车站—汉溪长隆”城市次级中心区，不但周围人口密集，景点众多，而且在广州的上风向，是广州可持续发展极其重要和敏感的区域，因此选址不仅是环保达标与否的问题，还是一个涉及政治、经济、文化等多层面的重大决策，规划部门应该从长远出发，慎之又慎。

四、调查显示，在规划建设垃圾焚烧发电厂过程中，有0.3%的受访居民对有关部门政务信息公开方面表示“很满意”，表示“基本满意”的占0.6%，表示“不太满意”的达4.8%，表示“很不满意”的为92.5%，另有1.8%的人表示“不清楚”。

本次调查中，居民对在规划建设垃圾焚烧发电厂过程中，有关部门政务信息公开方面不满意的主要原因是：在环评尚未通过时，已进行拆迁征地，让人感觉势在必行，被选比率达95.2%；其次是项目选址、规划，未召开听证会，广泛听取居民意见，被选比率为81.9%；有61.9%的受访居民不满意是因有关部门未主动、及时召开新闻发布会，公布环评进程，其他原因的占0.6%。

五、在“您认为垃圾焚烧发电厂能否通过环评”的调查中，有83.9%的受访居民认为不能通过，仅有4.7%的认为能通过，表示“不清楚”的占11.4%。本次调查发现，如果垃圾焚烧发电厂通过环评，88.4%的受访居民表示不信任此结果，要求召开听证会，组织国内外权威专家重新审议，并要求公开发电厂建设核心数据；10.1%的人表示不太信任，要求全文公开环评报告，接受社会监督评议后再最终确定；只有1.5%的受访居民表示完全信任此结果。

通过对政务信息公开和环评等相关问题的调查结果，说明了有关部门对规划建设垃圾焚烧发电厂将会产生的社会影响考虑不足，在选址、勘察、环评等整个流程的信息公开方面也做得不够。虽然有83.9%的受访居民表示建设垃圾焚烧发电厂对环境影响很大，认为环评不能通过。但实际调查中居民信心并不足，受访者反映，由于环评是专家评审，已经进入规划建设流程的最后阶段，此前种种迹象显示政府建设垃圾焚烧发电厂势在必行，而且环评部门是由政府部门委托，环评报告专业性强，因此大部分人认为环评可能只是走秀，在这种矛盾的心理下，环评若是通过，居民根本不信任此结果。

六、对“垃圾焚烧发电厂如果最终在番禺区大石街会江村附近开建，您将如何面对”的调查发现，高达84.3%的受访居民表示会“收集有关资料，上访请愿”，有21.4%的受访居民表示“立即出售物业或换租”，表示“无所谓，继续居住”的仅占0.9%，选择其他方式的占16%。

调查发现，由于国内众多垃圾焚烧厂在关键时刻叫停，因此即使垃圾焚烧厂环评通过确定开建，周边广大居民将会继续上访请愿，且有较大的决心。另外，调查显示，21.4%的受访居民将会立即出售物业或换租，番禺华南板块将可能会因此引来一轮房屋抛售潮，番禺整个板块的房价或将受影响。垃圾焚烧厂若最终建成使用，多数小区业主表示将迁离此地，华南板块楼市很可能将长期处于低迷状态，并对附近的休闲、旅游、度假、娱乐、购物、商务等造成较大的影响。值得高度重视的是，调查中发现部分居民对附近建垃圾焚烧发电厂情绪过激，因此，有关部门在推进垃圾焚烧发电厂的规划建设中，必须坚持科学发展观，正确处理经济社会发展与人的发展、与自然发展的关系，牢固树立以人为本的理念，高度重视民意，加强政务信息公开，做好相关工作的释疑解惑，合理合法地推进各项事务，以防群体性事件的发生。

（冯胜平、林楚顺、徐刚、史玉梅）